★全国调解员培训推荐教材

黄鸣鹤 著

调解员培训简明教程

第6版

中国法制出版社
CHINA LEGAL PUBLISHING HOUSE

存大视野　做小事情

郝银钟*

鸣鹤法官是我曾经的同事，也是情同手足的好兄弟。

2007年，怀着对法治的梦想与渴望，来自全国法院系统和学界的10多位中青年才俊齐聚最高人民法院，共同参与筹建最高人民法院司法改革办公室。鸣鹤法官就是其中的一位，当时给我留下的印象也最深刻，一方面是因为他虽然来自基层法院，但著述颇丰，已经有相当的知名度和影响力。另一方面是他的高度敬业精神，尽管机关给安排了宿舍，但他仍然坚持吃住在办公室，相当辛苦。所以，当鸣鹤法官最终决定还是返回厦门工作时，司改办的同事们都有些伤感和惋惜。

那日，在送别晚宴上，我居然酩酊大醉。被同事搀回办公室后，习惯性地打开电脑想给鸣鹤兄弟写点东西，却不知不觉趴在桌子上睡着了。醒来时分，已过子夜，头脑却一片空明如入禅境，于是，挥笔写就了一篇《等你一万年》的随感，大体意思是说我们这些书生对于中国司法改革执着不懈的痴心和对现实境遇的感慨，随心所欲地发泄了一番，第二天连同我的一本书，送

---

* 国家法官学院副院长，博士生导师，最高人民法院审判员，高级法官。

给了鸣鹤君和所有战友，竟然感动了他们好多天。后来，我也因为工作岗位的变动离开了司法改革办公室，但始终忘不了那段日子和那些兄弟姐妹般的战友。

鸣鹤法官是福建人。人如其名，他总是那么超凡脱俗，随遇而安。最高人民法院司改办成立后，各地荐才，据说，鸣鹤法官刚好在厦门中山路散步，接到要其限期报到的消息时还将信将疑，以为是骗子新研发的伎俩，经反复核实后才确认，不惊不喜，相当淡定。2008年3月19日，鸣鹤法官到最高人民法院报到，办手续的当儿，楼下也十分喧闹，肖扬院长和王胜俊院长正进行着首席大法官席位的历史性交接仪式，大家都感慨良多。

在司改办工作期间，鸣鹤带给大家的，不仅是他睿智的思想，还有铁观音茶的清香。他从福建带来了全套的茶具，在办公室办了茶座，每天上班，茶香就从他的办公室中飘出，仿佛是召集令，引大家到那儿茶歇，同时也将手中正在着手的司改项目、实地调研的体会、心中正纠结的疑难问题扔出来讨论，煮茶论道，来个思想火花的碰撞。此时，鸣鹤总是笑吟吟地演示工夫茶，给大家续杯，碰到有关基层法院的议题，才娓娓地说出他的观点。在这方面，他是有话语权的，不仅在于他前后在三个基层法院待过，也在于，涉及基层法院利益的议题，他总是寸土不让，据理力争，不经意地流露着他对基层法官职业的挚爱。

鸣鹤在工作方法上也有其与众不同之处。在下基层调研时，他总是希望听到第一线法官而不是领导的声音。有一次，在基层法院干警待遇的调研中，他除了要求被调研的法院提供原始的干警工资单外，还跑了一趟当地超市，抄了大米、油等日用品的价格，这些柴米油盐的琐事，竟然放进供最高人民法院领导决策参考的报告中，这种似乎有些“不合规矩”的举动以前没人干过，但也说明了黄鸣鹤“唯实不唯书”的工作风格。

鸣鹤对于调解工作的研究，不仅在于他长期基层法院工作积蓄的功力，在司改办工作的那段难忘时光，于他对这项工作的研究，也有莫大的好处。在司改办工作期间，他是“多元化纠纷解决机制课题组”成员，这是由最高人民法院、国务院法制办公室①、司法部等14家单位组成的横向课题组。在课题组期间，鸣鹤收集了大量的资料，参加了多次国内和国际研讨会，参加了美国式调解培训，2009年更是随最高人民法院赴欧盟司法调解考察团到英国和德国实地考察，开阔了视野，激发了思维，积累了素材。回厦门后，鸣鹤开始了对这些资料的消化工作。其间他也到北京出差多次，和我交流时说正在考虑写一本关于调解技巧的实用教材。他研究了几个不同法系国家的调解教程，但总体感觉在文化语境上与中国的调解现实工作相去甚远，用起来似乎总隔着什么，于是，他希望从基层的司法需求出发，吸收国外调解培训的好经验，再结合自己的一些心得，为中国的基层调解组织、调解员写一本实用的调解教材。

我很赞同和支持他的设想，于是邀请他参加了国家法官学院《司法调解教程》的编写工作，鸣鹤在规定的时间内完成了所负责的章节，然后告诉我，他还想运用一种更灵活的体例，从方便

① 2018年3月13日，根据中央和国家机构改革方案，司法部和国务院法制办公室职责整合后重新组建司法部。

调解员阅读的角度写一本调解的实用教材，目标是“即使是受过初中教育的调解员也能读懂”。再后来，就有了这本《调解员培训简明教程》。

通读下来，果然是明显的“鹤氏风格”。鸣鹤法官的书，虽然远称不上“汗牛充栋”，但其文字风格，不但有一定的穿透力，还平实、风趣且意味深长，可以将最复杂的法律逻辑用大白话表达出来，完成法律的通俗化，使读者可以在轻松的阅读中，随着著者的引导，在法学圣殿中升堂入室，渐入佳境而不觉行走之困顿。我常开玩笑称他是“大家坯子”“法界鬼才”，因为他的作品确实达到了“思想深刻，通俗易懂”的境界。

尤其可贵的是，这本教材打破了统编教材的一般性体例，大量地使用实例。这些实例，有些来自作者所亲自办理或亲身经历的案件，也有来自作者同事的办案经验感言。值得称道的是，作者没有贪天之功为己有，而是如实地记载陈述者的身份，包括书中图片资料的来源，也都一一说明。说明作者的严谨与对原创经验的尊重。这本教材的优势在于，长期基层工作的经验使作者了解一线的法官、调解员需要解决的是什么问题，所以与其他同类教材相比，没有太多的宏大叙事，也没有庞杂的资料堆砌，更多的是调解过程中各种情况的应对和细节的处理，有的放矢，对症下药，简明实用。

对于一位长期研究法律文化和司法改革的人而言，编写调解教材可以说是一件较小的工作，但鸣鹤君在拥有了大视野之后，却屈下身段来做这样的小事情，如同他与国猛院长们当年在厦门所进行的一系列引人注目的司法改革举措，不以事小而不为，

“长期以来，我以中国法治伟大进程的观察者、思考者、记录者及力所能及的推动者自居。做的事情哪怕再小，日积月累，总能多少撬动中国法治”（见《法治的罗马城》黄鸣鹤自序《未有法治国之前》）。也正如在离京返厦时，鸣鹤君对人民法院司法改革的承诺：我不相信改革已死，也不相信中国的法治已经走入死胡同，思想的力量在于传播，法治的力量在于信仰。如果哪一天，中国司法改革的号角真正吹响，吾等骑士，将从四海云聚而来，为信仰与誓言而战。

我很渴望与这些法学骑士们在最高人民法院再聚首的日子尽快到来。

有对中国法治的坚定信念，有法学的宏大视野，存大视野，做小事情，琴心剑胆，喜从无字句中读书，好与有肝胆者煮茶纵论天下，壮哉，鸣鹤君。

当然，鸣鹤君所编写的《调解员培训简明教程》也并非完美无缺，主要是太简明了，使人读来有意犹未尽之感。希望在将来的日子里，作者能够不断地吸收培训学员的意见进行修订，或将调解技巧细化到对各类案件的讲解上，使这册教材不断厚重起来。

是为序。

目　录

第一章

DI YI ZHANG

为什么选择调解

第一节 什么是多元化纠纷解决机制

一、法治状态下的纠纷解决

什么是多元化纠纷解决机制？对此，《厦门经济特区多元化纠纷解决机制促进条例》第 2 条作了定义：“多元化纠纷解决机制是指由诉讼和各种非诉讼方式共同构成的纠纷解决体系，其目标是合理配置社会资源，实现纠纷解决程序的合理衔接和相互协调，为纠纷当事人提供便捷和适宜的纠纷解决途径。”

那么，什么是纠纷呢？很简单，有人的地方就会有利益，有利益就会有矛盾，矛盾得不到解决就会形成纠纷。中国战国时期哲学家慎子指出：“一兔走、百人追之，积兔于市，过而不顾，非不欲兔，分定而不可争也。”意即一只在野外的兔子从人群中跑过，就会有很多人去追逐，想据为己有，但更多的兔子放在市场上出售，人们从旁边经过，却不会想据为所有，并非不想得到兔子，而是兔子的所有权已经有所属，名分已定而不可争抢。自然人之间、法人之间、非法人组织之间，纠纷之所以产生，在于权利受到侵害需要救济；在于对权利的归属有争执（百人逐兔，一人以箭射之，一个以绳索套之，一人跃步手执之，兔何归）；在于事实不清需要查证。无论纠纷缘何而起，及时、便捷、有效地化解纠纷是最终也是最重要的目标。

扩延之，冲突的发生不仅限于利益，性格或认识的不一致，也可能导致冲突。冲突不只发生在自然人之间，也可以发生在群体（公司、企业、村庄、民族、国家、种族等各种共同体）之间。宗教信仰的不一致和对异教徒无法以宽容之心对待，往往也是冲突发生的根源。人类历史上，战争与屠杀的发生，许多与宗教冲突有关，学者称之为“诸神的争吵”；而意识形态的冲突，更是在人类历史上引发数十年的冷战对峙。

有冲突就需要解决，人类历史上，舌头无法解开的结，必然使牙齿和拳头卷入纷争，从石器的使用开始，人类所使用的工具，不仅用于生产劳动，用于防御野兽，更用于同类的争斗与厮杀。

人类纠纷解决途径的进步，也是人类文明发展简史的一部分。可以说，纠纷解决，先于国家与制定法的出现而存在。氏族部落时代，人类协作劳动，在野地里发现的一只兔子应该归谁，群体出去打猎，狩野鹿而归，如何分配，即为规则。发生冲突，或请求裁判于部落尊酋长或祭司，习惯就是裁判的规则。到后来，国家出现，与国家相配套的暴力机器军队、警察、监狱、法庭出现。印度文明之《摩奴法典》，巴比伦文明之《汉谟拉比法典》，中国之郑国子产铸刑鼎，希腊雅典之公民大会审判苏格拉底，罗马之《十二铜表法》，早熟之文明，在社会管理方面的成就，就是相比于同年代更先进的系统法律体系的制定，以及法律的执行能力。

改革开放 30 年，正是中国法治发展的 30 年。计划经济年代，人为“单位人”，各类机关、事业、国企，单位不仅是员工的衣食父母，也是精神归宿。单位与人之间，不仅是简单的劳动关系，也提供着各种附属性管理和服务，包括精神指引、行为规范，还有个体间的纠纷解决。

随着改革开放由计划经济转变为市场调控，“单位人”也逐渐向“社会人”转变，如同物质分子从聚合形态中被释放，自由、游离，同时，生产资料和生活资料所有制形态的多样化，个人合伙、公司治理、股份制。游离的分子在市场经济这一看不见的手的牵引之下，重新聚合，社会各领域“万类霜天竞自由”地蓬勃发展，新生事物层出不穷意味着新的法律问题出现。社会的发展、成长、迭代、磨合，试对试错的创新，都可能产生观念分歧或利益冲突，需要有一种更高的秩序来调整利益、分配正义、维护秩序。各方选择法律作为秩序规范，是为“法治”。

法治的要义，在于科学立法，即立法必须反映大多数社会成员的意志，上不违“公平正义”之自然法精神，下不悖公序良俗之“朴素正义”；在于严格执法，即“主权在民，公权民赋”，“所有的权力都应该受到制约，否则就会被滥用，公权的掌握者就会无法无天，骑在人民头上”，“制约权力最好的方式，就是将权力关入制度的笼子”；在于公正司法，一个国家若失却公正，则如行尸走肉，统治者貌似强大实则内心虚弱，被统治者表面恭顺而内心咬牙切齿，上下欺瞒且形成互虐习气，如无尊严之奴仆，饱时媚主，饥则噬主；在于全民守法，法律虽有强制力，但威慑与恐吓，并不是其真正的力量源泉，法治的力量在于民众对法治发自内心的认同，并逐渐发展到信仰层面。万物有序，生长有时，四季轮转，是为自然之法；物有主，行有方，不逾矩，公权受制约，无授权即禁止，私权受保护，无禁止即自由，是为法治；人心向善，心有是非善恶之分，存恻隐不忍之心，是为福田。以法治国无法达到宗教所允诺的“天堂中狮子与绵羊在同一块绿草地中休憩”的超然状态，但法治是人类社会迄今为止，所能发现的，最不坏的社会治理模式，诚然。

回到纠纷解决，“有纠纷，找法院”的观念意识的建立，是社会的进步。欠债还钱，若债权人权利不能实现，想到的是自力救济或请黑社会组织的人上门催讨，恐非社会之福。世界害怕真空，社会管理一旦缺位，就会有其他力量填补。有组织犯罪作为地下秩序的提供者，其生存空间或者说毒瘤生长处，就在于公权无能或不能。

没有政府万万不能，但政府也不是万能的。“管得越少的政府，就是越好的政府”这一立论，未必“放之四海而皆准”，更何况，社会发展的不同阶段，如人之婴幼、少年、成年，适时、适当放手，并不是在社会自治、自理能力尚缺欠时即放任不管。

有一点是对的，不应该所有的公共服务产品都由政府提供。“小政府、大社会”的概念，在于公共服务项目，若交由社会自治允许社会各阶层的公共参与，更有益于服务品质之提升，则应在制度设计时鼓励社会的多元参与。多元化纠纷解决机制，就是价值观的体现，其核心含义是：纠纷发生，是人类社会存续发展中的正常现象；纠纷解决，事关权利救济、正义分配和争端解决；纠纷解决时，应当考虑时间、当事人成本、公共资源占用、损害关系修复诸要素的均衡。

多元化的定位，在于纠纷解决的多元化，即法院作为国家设立的纠纷解决专门机构，但不应该是纠纷解决的唯一途径，而应将其定位为公民权利救济的最后一道防线。

纠纷发生后，当事人可自行解决，或与纠纷另一方当事人主动沟通，发现分歧，解决矛盾；或可通过第三人斡旋，寻求争端解决的共识；或经调解，促成调解协议的达成。即使要求中立第三方裁决，一裁终局的商事仲裁也是纠纷解决的快捷方式。多元化纠纷解决的要义，就是要建立健全纠纷解决的各种方式，特别是诉讼之外纠纷解决服务产品的提供，鼓励当事人量体裁衣，根据纠纷的类型性质，选择最合适、最经济、最有效的纠纷解决方式。作为国家或社会，该做的，就是丰富纠纷解决产品的设计与供给，或免费供给，或明码标价，以最简单的叙事方法，说明每一种纠纷解决产品的特点、特质、法律后果。纠纷解决产品如超市售货般陈列于柜，功能说明、服务品质、用户回馈评价一目了然，当事人自主选择，各取所需。

法院作为国家设立的专门性纠纷解决机构，其职能定位，在于推动、引领多元化纠纷解决机制的建立完善，在于通过法律指导、理念宣示和国家强制力保障（如司法确认、仲裁司法审查、保全措施、强制执行）来解决纠纷。另外，诉讼作为人民群众权利救济的最后一道防线，好钢用在刀刃上，有限的司法资源应当主要用在一些法律关系较复杂、裁判结果对社会有指引意义的案件的审理上。

二、什么是多元化纠纷解决机制

“协作与资源优化配置是生产力提升的不二法门”，多元化纠纷解决机制中多元化的落脚点在解纷主体多元、程序多元、方式多元，在程序衔接与各主体间的分工配合、协力合作，司法推动、引领、保障与工作机制的复合设计构成制度的整体合力。

综之，多元化纠纷解决机制，在于纠纷解决主体的多元化，在于解决途径的多元化，在于解决程序的多元化与相互衔接。

纠纷解决，最直接的方式是沟通。人与人间许多冲突的产生源于误解，所以，有效沟通是解决纠纷最直接的方式。比如邻居家的空调外机冷凝水的管子破了，半夜滴水吵得人睡不着觉，在小区散步时碰到了，顺便说一下，一般就能很快地解决。

沟通包括抱怨或投诉。比如住在高楼层的邻居在浇花时总是往下洒水，而没注意到楼下住户正在晒被子或衣服，楼下的业主于是在楼梯口贴了一张告示，敬告楼上住户注意不文明行为，虽然没有面对面，没有指名道姓，也是一种沟通。

有乡土生活经验的人或许记得这样的场景，张婶家的鸡被人给偷了，于是，张婶在村口骂大街，问候偷鸡的人祖宗十八代，并诅咒不归还就不得好死之类，当天晚上，鸡被悄悄地送了回来。或许是跑错了家被人给关了起来，或许是对方觉得为了一只鸡受此毒咒不合算，但无论如何，也是一种带有泥土气息的沟通模式。

投诉更好理解，小时皮的孩子经常有这样的经验。嬉闹时把人给打了，刚到家，发现他家的大人带着孩子正投诉呢，母亲怒气冲冲，拎了一根竹篾冲出来要做一顿“竹笋炒肉丝”，孩子唯一的选择就是拔腿就跑，在外流连到晚饭后华灯已收树梢，哥哥出来寻人，偷偷问母亲气消否？

沟通是双向的，谈判也是双向的，二者的区别在于，沟通一般是单向的权利义务，而谈判则一般是双向的，也就是说，双方要达成纠纷解决的合意，需要博弈，需要实力作为谈判的资本或筹码，需要一定的仪式或过程。

古代战争，正式开打前互遣来使，提出和平的谈判或传达让对方投降的要求。无论要求多么不合理，但“两国交兵，不斩来使”是惯例和传统，斩使者除让人觉得缺乏气度外，也意味着双方只剩下“死磕到底”一条路了。西方古代开战前，两军对峙，阵前谈判也是有规矩的，骑士以长杆系一白色飘带作为标识，谈判者马上对话，一言不合即告谈判失败，谈判者各归本阵后，方能开始列阵厮杀。

谈判是一种纠纷解决的重要方式，商业伙伴，合作时需要谈判，安排好利益分配和责任分担。纠纷发生，就善后、责任归属、损害赔偿、利益补偿进行谈判，达成合意纠纷即获解决；无法达成合意，则需要第三方解决力量的介入，或调解，或仲裁，或诉讼。

第三方斡旋是纠纷解决外部力量的介入，也意味着纠纷双方或各方无法通过沟通、对话、谈判私密性地解决纠纷，而只能邀请或委托当事人之外的力量介入解决纠纷。调解或调停都是第三方斡旋，调停在国际法或国际政治、内国政治中经常使用。例如，1946 年国共内战正式爆发前，美国政府派出特使五星上将马歇尔率军事调停组进行调停；朝鲜战争中，在东西方阵营间积极居间调停的，居然是刚独立不久的印度；第二次世界大战，正在玉碎途中的日本梦想通过苏联主持调停，体面休战，但迎头一棒的是苏联正式对日宣战的通告。

于纠纷解决而言，调解的重要性不言而喻。就其调解主体而言，有立足于基层的、公益性的、不收费的人民调解；有行政机关为主导的行政调解；有诉讼过程中的司法调解；有以行业为区分的行业调解；有突出调解员专业属性的专家调解、律师调解；有收费的商事调解等。

其中，人民调解制度最具中国特色。这种源于中国新民主主义革命时期的纠纷解决模式，最早发端于革命根据地。与农会建设、群众政治动员相配套，通过调解形式实现纠纷的自我解决，与基层群众组织的建设相配套，进而形成人民调解制度。人民调解制度因为它的草根性、全民性、基层性、便捷有效性，且符合中国基层社区治理的传统文化，被誉为“纠纷解决的东方经验”或“东方一枝花”。

行政调解主要依托行政机关进行，例如早期交通事故纠纷的行政调解前置，消费者权益维护与工商局 12315 热线平台。公民长期对国家行政机关的信任与依赖，使得行政调解在相当长的时间内，仍然大有可为。

商事调解在中国是个方兴未艾的事物。在经济发达地区，商事调解的概念已经逐渐被纠纷当事人所接受。人们愿意付费，是因为物有所值。商事调解应当收费，在于商事调解不同于其他公益性调解，其对调解员的专业知识要求较高，而只有收费，才能吸引高水平人才加入调解员队伍。商事调解的当事人愿意付费，是因为调解所促成的纠纷解决，能为其解决困扰，减少损失，获得补偿，其收益当然大于付费。调解收费标准，在市场竞争与政府指导二者间平衡。

仲裁是一种准司法权，权利源于法律规定（劳动争议仲裁、人事争议仲裁、土地承包经营权纠纷仲裁）或当事人约定（商事、海事仲裁），仲裁有着民间性、专业性、当事人意思自治（可以自主选择仲裁机构、仲裁员、仲裁规则、适用的法律）等诸多特性。

诉讼则是请求国家司法权的救济或裁决。一般认为，诉讼是公民权利救济的最后手段，若非法律明确规定（如宣告无民事行为能力、人身权确认等），一般的民事纠纷若非其他的纠纷解决方式穷尽，不建议优先选择诉讼作为纠纷解决的选择。除考虑到诉讼的程序繁复、成本高昂外，有限的司法资源应当经济适当地用在较疑难、复杂、对社会发展有示范意义的法律问题的解决上，方为公共司法资源的合理配置与使用。

在西方的纠纷解决理论体系中，将诉讼外所有的纠纷解决机制统称为“替代性纠纷解决机制”（ADR）。在中国大陆，学者在理论引进时译称“多元化纠纷解决机制”，主要是考虑到在当前中国的纠纷解决体系中，诉讼是不可或缺的重要环节。司法对于纠纷解决体系，起到推进、引领和保障的功能，调解贯穿于纠纷解决的全过程。仲裁过程中，当事人可向法院申请财产、证据保全；当事人不服仲裁裁决，可通过申请撤销仲裁裁决或执行阶段的申请不予执行仲裁裁决，阻却裁决的既判力或执行力；当事人达成调解协议后，可申请司法确认，给予调解协议以强制执行力；在案件审理过程中，法院可委托调解员进行调解，或邀请中立第三方参与调解等。

可见，各纠纷解决的途径，并不是互不关联、并联的平行线，而是一个互相衔接、相互配合的整体，主体可以协同，可以合力、协力，程序相互镶嵌，纠纷解决需求在多元化纠纷解决机制的制度设计中流转，因势利导，因地制宜，针对痛点，对症下药。

第二节　调解的优势

一、修路与做菜：有纠纷不一定要打官司

有人的地方就有左中右，有利益分配就有矛盾冲突，有了冲突就需要纠纷解决。

冲突的存在并不可怕，发生了冲突而无法及时解决导致冲突加剧或升级，才是最可怕的。纠纷解决机制的建构，就是建立和改善社会控制，通过纠纷的及时解决维护社会的生态平衡与和谐。发生了纠纷，能够得到及时、快捷、圆满的解决，也是人民群众幸福的重要组成部分。

纠纷的解决并不只有一种模式，“这好比是修路，除了高速公路外，还要有普通公路甚至羊肠小道，至于路修好后走哪一条道方便合适，应当交给老百姓自己决定，国家的义务，是修好这些道后并保证它们的畅通无阻”①。

① 摘自最高人民法院原副院长景汉朝《以科学发展观为指导，建立健全多元纠纷解决机制》。

与“修路论”相配套的是“做菜论”。景汉朝认为，西方的司法文明中有许多制度设计的好东西，但在移植时却不能生搬硬套，这就是制度赖以生成的文化背景差异。比如餐馆，东西方文化就存在极大的差异，西方人在厨房中一般都配置量杯和天平，水该放多少，佐料如何配比，都是精确到毫升和克的。而在东方人的菜谱中，经常看到“水适量，调料若干”的表述方式，西方人认为这种菜谱根本无法操作，因为西方讲究精确，同样的菜谱于中国人却不存在障碍，因为中国的传统哲学讲究“平衡”与“和谐”。因此，在纠纷解决模式的选择上，没有最好，只有最合适。简言之，能够“及时、快捷、圆满”终结争议的纠纷解决模式就是最好的模式，符合一个国家国情的司法制度就是最好的司法制度。

调解是纠纷解决的重要模式之一。所谓调解，指的是当事人在自愿、合法的基础上，在中立第三方的主持下或推动下，就纠纷的解决达成合意。由于调解是一种柔性的纠纷解决模式，有着增量、快捷、纠纷解决成本低等优点而受到纠纷各方当事人的欢迎，其节约司法资源及减少当事人间的对抗情绪有利于社会和谐的优点，也受到了理论界与司法实务界的肯定。

二、比较优势：调解的四项优点

1. 纠纷的快速解决

与诉讼相比，调解可能在较短的时间内解决纠纷。这是因为诉讼受到程序法的规范与制约，立案审查、开庭审理、一审判决、终审判决，每个流程或程序节点都需要花费相应的时间，即使适用简易程序或速裁程序也是如此。

相较之下，调解有利于纠纷的快速解决。如厦门市海沧区道路交通事故调处中心成立之后，法院审判管理办公室对两个不同阶段的交通事故人身损害赔偿案件进行数据采样对比，统计的结果表明：在调处中心成立之前，交通事故人身损害赔偿案件的一审审理周期为78天，而调处中心成立后，当事人在调解员主持下促成调解后申请司法确认的案件中，调解周期为7天，部分案件在事故责任认定书作出后的次日即促成调解，节省时间的同时也意味着成本的降低。笔者当过法官，也做过调解员，对二者之间的身份差异及思维模式的不同，曾经打过这样一个比喻：诉讼与调解好比你要到达一个地址，采取了开车和走路两种不同的出行方式，结果发现，路其实不远，直线距离或许只有一公里，但开车必须严格遵守交通秩序，不得闯红灯，不得违反左拐禁令，还有必须忍受车辆过多和道路狭窄所带来的交通拥堵，结果开车的发现比同时走路出发的同伴，到达目的地的时间还要晚些。因为走路可以抄近路，可以过斑马线，而开车却不行。同样，通过诉讼解决纠纷必须严格遵守程序，充分保障当事人的诉讼权利，哪怕在实践中，许多保障当事人合法权益的制度设计，可能被一方当事人恶意利用来拖延诉讼，我们也只能容忍。因为这世界上没有绝对完美的制度，就如“金无足赤，人无完人”的古谚一样，所有试图追求制度绝对完美的尝试，都被证明最终导向灾难。

当然，也不是所有的案件都适合调解。法律关系较复杂、当事人在诉讼前已经多次协商不成、具有社会指导意义的新类型案件，如果调解员或经办法官评估促成调解的可能性较小的话，应尽早判决。“能调则调、当判则判”，这也是最高人民法院对于司法调解工作的指导政策。

当然，也有人认为调解是“和稀泥”，调解员是“和事佬”，认为调解是鼓励权利人作出让步换取纠纷的快速解决，有损于公平正义的精神。我们认为，这也是绝对的法治理想主义。试想，调解解决的大多是民商事纠纷，也就是平等主体的公民、法人和其他组织在民商事法律活动中法律关系的调整。民事诉讼中，所谓原告、被告、第三人等当事人称谓，只是基于民事诉讼的起诉与应诉，并不当然或天然认为“原告肯定有道理，被告肯定有过错”。同样，对于权利义务，地位平等之两造当事人所企盼的是期待的权利得到实现或受损的利益得到救济。调解并不是鼓励一方当事人让渡权利。其一，是否接受调解协议，其最终决定权掌握在当事人手中，无论是司法制度还是调解员本身均无法掌握其自由意志。其二，当事人既为完全民事行为人，其行为及决策必然符合经济人理性判断。是放弃部分利息快速实现债权，还是继续等待法院判决收回所有的本息？何种解决方案最为有利，利益攸关人冷暖自知，自然会权衡利害，外人自可不必杞人忧天。其三，调解并不是没有边界，而是有雷区、底线或警戒红线。比如，调解的过程不得违反法律和法规的相关规定，调解协议的内容不得损害国家、公共利益，不得违反公共秩序，不得违背公序良俗，不得损害案外第三人合法权益。当事人不得隐瞒重要事实，不得提供虚假情况。调解协议的内容，不得违反法律、法规的禁止性规定。其四，调解也存在着外部监督。向公证机关要求出具公证债权文书，向仲裁机构要求出具调解书，向法院申请支付令或申请司法确认，都有配套的审查审核机制。此外，存在利害关系的案外第三人的权利主张、检察机关的法律监督、社会舆论监督等，都是可以启动纠偏纠错程序的制度设计。所以，在精细化管理的今天，人们表面上看似越来越自由，其实被规范在越来越多的制度设计中，当然，大多数的制度设计“存而不用”，由所规定的特定事由所触发，属“防火墙机制”。

2. 低成本

曾经有这样一个笑话，一位医生的儿子医学院毕业，终于可以独立执业了。老爹外出一段时日，将诊所交给儿子打理，归，问不在期间情况如何。儿子兴奋汇报，“另一社区的那位有钱人，你医了几十年，病始终不能断根，我一个疗程下来，他已经完全好了”。老爹怒：“痴儿，自断财路，非爹学艺不精，你可知你多年的大学学费是从哪儿来的？”

也不完全是笑话，美国是个律师国度，经常有律师上门揽案，不用预收代理费，而从胜诉赔偿中分成，故美国法院讼案堆积如山，国人好讼成风，动不动就“告那家伙”，律师的挑讼架讼，颇有一些贡献。笔者曾随同最高人民法院司法考察团赴欧洲考察调解，与英国司法部官员交谈，他们也提到，最反对调解的群体是律师，原因是纠纷的快速解决影响到他们的业务。所以，调解能否推进，能否取得律师业的支持，如何平衡其间的利益，至关重要。其解决的方案是将律师从传统诉讼思维中释放出来，将更多的精力，投放在纠纷的实质解决和当事人最大利益的维护上。

纠纷解决是需要成本的，每一种纠纷解决的成本是不一样的。相较而言，诉讼是一种成本较高的纠纷解决模式。一是时间成本。媒体曾经报道过一些极端的个案，经历一审、二审、再审、发回重审，在不同的审判程序中流转，判决结果像烙煎饼一样翻来覆去，一个案件审了五六年甚至十几年，纠纷还是没办法解决，这并不是司法不公，而是诉讼制度的设计使然。想想，一个人几年的时间中反复地跑法院，纠纷却得不到解决，如同大石头窝心，那是怎样一种心境？怎样一种生活质量？即使最后判决下来，却是“等到草儿青青，马儿早已饿死”。二是经济成本。诉讼费用中包括案件受理费、申请费、公告费、评估鉴定费等，一起案件要缴纳其中的一项或几项，再加上诉讼的法律专业依赖度较高，一般需要委托律师进行，掏出来的都是白花花的银子。官司输赢尚未可知，“执行难”却仍是世纪难题，可以说，诉讼是所有纠纷解决路径中平均成本最高的模式。

与之相比，诉讼外的调解无须收费，申请司法确认法院也不收费，一般不需要委托律师，调解结果的自动履行率也远高于法院判决的执行到位率，可以说，调解的成本远低于诉讼。

3. 当事人对纠纷解决过程的参与度与纠纷解决结果的可控性

调解协议是由纠纷各方协议后提出的，或由调解员提出方案供当事人参考。无论何种方式，当事人对于纠纷解决的结果是可预测的，利益各方可以在综合考量后决定是否接受调解方案，双方也可在调解的过程中讨价还价。

判决则是法官在查明事实的基础上，依据法律作出裁决。不同的法官对法律的理解不一样，裁判也存在着自由裁量的差异，结果可能与当事人的预期存在较大差距甚至相反。虽然法律赋予当事人上诉权和申诉权，但即使启动二审或再审，当事人仍然只能等待而无法控制判决的结果。

在诉讼中，法官关注的是事实、查实的是证据、依据的是法律，判项针对的是诉求，超过即违法，可能被二审改判或发回重审；而调解，事实虽应查明，责任却可以模糊，当事人的诉求可以考虑，解决方式却可以约定创设。作个比喻，在诉讼中，当事人及其他诉讼参与人都只是演员，法官是裁判；而在调解中，当事人可以参与剧本的创作，并决定最后的结果。

4. 有利于社会和谐

什么是幸福？有人说，幸福就是医院没家人，监狱没亲人，不用陪护也不用探监，更不用揪心等待化验结果出台、等候法院判决。笔者大学毕业后到法院工作，刚认识的人说认识一下，或许哪天会用上。笔者说，认识可以，但最好别用上，因为到法院，要么当嫌疑人，那是被判刑的；要么当原告，被人欠了钱讨不回来，要么当被告，被人追债。人无病一身轻，同样，无事一身轻，所以，可以认识，但最好别找。当然，现在法院施行司法责任制，过问插手案件是一种严重的违纪行为，所以即使找笔者，笔者顶多说，依照法律的规定和法院先例判决，这种纠纷的一般性裁判规则是这样的。法官只能就案释法，不能说情。

中国是主张“和为贵”的国家，主张宽容忍让，如“退一步海阔天空，忍一时风平浪静”。宽容并不是懦弱，只是很多纠纷矛盾，并未触及原则或底线，只是部分利益的让渡，或换位思考，切换到对方的视角看问题；或“有容乃大”，不计较就可以了。想想“百年修得同船渡”，那么，今世作邻居、成为一家人，或是生意伙伴，该是多少世修来的机缘，是否值得为小利而计较；即使不信前世来生的说法，只考较现实利益，那么，就幸福经济学而言，一位经常打招呼、交换好吃食物的好邻居，比一位冷眼相对、恶语相加又无法施法让他从生活中消失、不会每天出现的恶邻居，是不是对你的生活幸福指数提升，更有帮助？

纠纷的产生同时也意味着某一个社会关系发生了冲撞、断裂：邻里纠纷可能意味着双方恶言相向；赡养纠纷的背后肯定是亲情关系的破裂；一起交通事故的发生意味着受害者健康权受到损害、家庭收入减少等。

这些纠纷的处理，即正义的实现和权利得到救济，仅是纠纷解决的第一层面即法律效果。判决后邻里是否和睦相处，家庭关系是否能得到恢复，受害者是否能得到补偿和安慰，这则是纠纷解决的第二层面即社会效果。

当然纠纷不可避免，有人的地方就有江湖，就有利益冲突。正如地震、台风等自然灾害是人类生活的一部分，无论你喜不喜欢，你都必须面对和忍受。同理，矛盾的产生，是社会秩序运行过程中产生的“血气不畅”或“滞胀”，纠纷的解决，就是中医学上的“活血化瘀”。

在诉讼中，原被告双方各据一席、各执一词，各言己是而对方非，针锋相对，争个输赢；而调解则相对柔和，有话好好说，茶座可也，圆桌可也，田间炕头也不失礼数，大家说个道理，讲个明白，有个解决方案就行。这好比解绳结，以诉讼解结，如以利剑断绳，结虽解，绳亦断；以调解解结，结可解，绳亦可用。

亦如医术，判决如西医，哪里病切割哪里，是非如黑白，查明事实，追究责任；调解如中医，讲究调和，头痛未必医头，而在于探求病痛的根源及其根本解决。

思考题

1. 谈谈你所了解的纠纷解决机制的种类及区别？

2. 结合你的日常经验，你觉得调解在众多的纠纷解决体制中还有哪些优势？

第三节　秋菊该不该打官司

《秋菊打官司》是导演张艺谋根据小说《万家诉讼》改编拍摄的一部电影，为中国观众所熟知，其故事情节虽纯属虚构，但其“源于生活，高于生活”，所以许多法学家在阐述法理时，总喜欢以这部电影为分析样本。今天，我们也来分析一下秋菊该不该打官司。

一、冲突的发生

村长与秋菊的男人万庆来发生了冲突。冲突的原因很简单，两个男人因琐事发生了口角，在吵架中，万庆来仗着嘴快，哪壶不开提哪壶，嘲笑村长的老婆生了多个女儿却生不出“带把儿”儿子。在“不孝有三，无后为大”的重男轻女封建观念深厚的村庄，这一直是村长心中的隐痛，老婆“一撇腿一个女娃，却生不出一个带把的”，心中隐痛被挑出，村长飞起一腿，恰巧踢在秋菊男人命根子上。

电影反映的是中国大陆20世纪80年代乡村的生活图景，在那个时代，村长这一职务并没有普遍地遭人恨。再者，冲突与职务关联度不大，在乡土社会，一个有脾性的男人，受到如此言语羞辱，发生肢体冲突很正常。对这场纠纷，秋菊并不认为自己的丈夫占理，她说：骂人不对，但打人更不对。再说，再怎么也不能往那地方踢。在秋菊的潜意识中，她认为在那种状态下，村长打人似乎还可容忍，往命根子上踢，则有着“断人子嗣”的阴狠，断送的可能是秋菊夫家生娃传宗接代的希望。

怎么办？在传统乡土社会，冲突发生后怎么解决？一种可能是忍气吞声。“惹不起，躲得起”，实力不济时，受人欺负，只能打落门牙和血吞。

另一种可能是秋菊的夫家是大姓，兄弟族人多，于是纠集了一群人到村长家讨说法，不给说法就开打，在威吓下，村长妥协，赔礼道歉并赔偿医药费及营养费。这种冲突的解决方式是传统的私力救济，有着不可控的结果。笔者曾在一个乡村法院工作4年，在一起简单的相邻权纠纷中，村民采用全武行的方式解决纠纷，结果是多起伤害案件的发生，并导致村庄两姓村民的严重对立。

但是，在基层民主自治的架构下，村长不仅意味着是村庄的能人，更意味着他对村民有着更强大的号召力，且大部分存在血缘或亲缘关系。所以，秋菊夫家并不采用亲族上门问罪的方式解决纠纷，也说明了纠纷背景下的力量对比。

纠纷解决的第二种模式是村长的自省与自责。也就是村长在踢伤人之后，对自己的鲁莽行为深感自责，而采取一些缓和矛盾的措施，比如上门看望、主动道歉并支付医药费，纠纷亦可解决。但村长却坚决不肯道歉，原因之一是万庆来的破嘴伤到了自己痛处，当然也有将秋菊家不放在眼中的意味。

于是，纠纷已无法在村庄层面得到解决，秋菊决定求助公权力维权，即公力救济。

秋菊求助公力救济的过程也是颇曲折的。从公安调解到行政诉讼，到最后刑事诉讼程序的启动，国家公权对秋菊的诉求予以回应，村长被公安局带走了，并可能受到刑事起诉。

二、秋菊打官司的成本

秋菊打官司过程中所付出的成本是巨大的。

将照顾受伤的丈夫以及家务活和农活全部扔给年迈的公婆（家庭成本），以低价卖掉家中唯一值钱的红辣椒（经济成本），在怀孕期间和小姑顶着烈日行走在尘土飞扬的公路上，忍受着出门在外的种种不便——拥挤颠簸的公共汽车，粗糙且不卫生的食品，嘈杂吵闹的鸡毛小店，一些城里人的坑蒙拐骗行为（当然，秋菊也不断地碰上好心人，得到种种帮助），隐性成本的支付还包括其他家庭成员生活质量的下降及痛苦指数的上升。

在公共成本方面，为了解决发生在村长和秋菊家中的这起纷争，从乡派出所的李公安到县公安局、市公安局再到县市两级法院，从上访接待到文件往来，从起诉、受理到判决，再到法医鉴定的重新做出，秋菊为了讨个说法而在不自觉状态中启动的各种程序（包括行政程序和司法程序）都是我们国家目前有限的公权力资源的一部分。虽然秋菊在行政诉讼中缴纳了诉讼费，但是，值得指出的是，实际支出（包括直接和间接）数倍甚至数十倍于她所缴纳的费用，而这部分是由国家财政（纳税人税赋的集合）支付的公共资源。

三、秋菊打官司后的结果与困境

秋菊家与村长间所发生的纠纷属民事纠纷，即使没有后面村长深夜组织人将难产的秋菊抬到医院保住母子俩性命这一细节，执着于告状的秋菊恐怕也不希望村长承担刑事责任。在潜意识中，秋菊也认可这是一桩民事纠纷，而且也承认自己的男人在冲突中有理亏之处，这一点从她所说的“再怎么说也不能朝那地方踢”这句话可以略知一二。

秋菊执着的结果却是：在孩子的满月酒宴上，李公安上门带来了一个消息，由于万庆来重新鉴定的结果是轻伤，案件性质起了变化，警察带走了村长，在影片的结尾，在警笛的长鸣声中，我们看到的是追到村口的秋菊一脸困惑。

秋菊的疑惑是：他们抓人为什么不问问俺？她不明白的是，她的申诉可以启动司法程序，但在公诉案件中，控告程序一旦启动，受害人就已经对事态的发展失去了控制能力。

正义似乎得到了实现。法律给了秋菊一个法律上的说法，那就是追究村长的刑事责任。按法律的有关规定，民事赔偿部分可以以附带民事诉讼方式提出，但是否提出，主动权掌握在秋菊丈夫万庆来的手中，某种意义上也掌握在家庭事务上说一不二的秋菊手中。

可以推理和想象的是，在村长被判处刑罚并执行之后，公权力就宣告这起发生在公民间的冲突已告解决。但事实上，冲突不仅没有解决反倒恶化了，也就是所说的“官了民不了”，还可能演化为深层次且全方位的冲突。

无论是缓刑还是实刑，即使村长能理解并原谅秋菊的行为，但他的家人未必肯。虽然这并不是秋菊打官司所追求的，但几乎所有的人都会将这一结果的发生归咎于秋菊的执拗。

在中国乡村秩序中，秋菊的行为未必有太多的支持者或同情者。而村长则相反，他得到广泛支持的原因并不是因为权势，而是几千年来中国农耕文明中在小农经济状态下所产生并自然发育形成的道德评价体系和纠纷排解机制。其中，有着宗法秩序、熟人社区、道德权威与自觉服从等文化基因。

于是，在抬头不见低头见的小村庄中，秋菊发现自己的顽固已经将夫家带上了和村庄对抗的道路。村庄会将秋菊当成乡村和谐秩序的破坏者，自发或自觉地排挤、疏远并孤立秋菊一家子。这还只是冷战，在这种气氛中，热战随时都可能爆发，比如村长家的侄儿或伯叔兄弟某天和秋菊家人的相遇，言语稍许不合都可能引发冲突，更何况其中一方也许存心找碴。

不知，如果让秋菊再度选择的话，她是否还会选择打官司来寻找她想要的说法呢？恐怕是不会了。

四、激活：乡土社会自治秩序的重构

那么，秋菊该怎么办？

在影片中，我们也看到了调解这一东方经验的身影。秋菊到乡里派出所找到李公安反映情况，李公安推起自行车到秋菊所在的村庄，找到村长做了思想工作，于是村长同意赔偿医药费。但是，在支付款项时发生了第二次冲突，当着秋菊的面，村长将钱撒到了地上，要让秋菊弯下腰去捡，并声称“捡一次钱弯一次腰”，这种羞辱性举动使得矛盾更加激化，秋菊没有捡钱，而是转身和小姑子进了城。

从这中间，我们也看到李公安调解方法的简单，一是没能从根本上化解纠纷，二是若李公安组织一次会面调解，讲几句场面话并让村长当场支付医药款，矛盾或许就不会“一波未平，一波再起”。

同时，从影片中我们也发现了乡村调解力量的薄弱。在古代，大部分的民事纠纷和一些轻微民事案件当事人并没有“衙门见官去”，而是依靠宗族、乡绅之类的调解主体主持调解。在中国近代转型之后，乡土社会传统的治理结构已经逐渐瓦解，新的治理结构如执政党在基层的支部组织、经过基层民主选举产生的村民委员会等成为新的组织架构。《中华人民共和国人民调解法》（以下简称《人民调解法》）第 8 条规定：“村民委员会、居民委员会设立人民调解委员会……”该法第 9 条规定：“村民委员会、居民委员会的人民调解委员会委员由村民会议或者村民代表会议、居民会议推选产生……”

当然，在实践中，如何激活乡土社会传统的纠纷解决资源，是一个问题。在厦门的翔安区，有一个叫小嶝的小岛，岛上有居民2800多人，属典型的聚族而居的闽南传统社区。由于受海洋潮水影响，落潮时吃水稍大的船即无法靠岸，岛上居民与外界的交往十分不便。以往，村民到大嶝法庭起诉打官司，开庭前，法庭庭长就委托一些德望较高的村民代为通知、送达、了解纠纷发生的缘起，后来也请他们帮助调解个别案件，发现成功率很高，许多案件没开庭就解决了，而且是纠纷实质解决、矛盾源头化解，在省去村民诉讼烦劳的同时也节约了公共司法资源。最重要的是，岛上村民抬头不见低头见，纠纷的妥善解决，避免了两造当事人的对抗情绪，有利于社会关系的修复。① 后来，法院在岛上设立“好厝边会所”②，会所除了是调解员工作室外，也是当地村里老人的休息场所，村民间有了纠纷，都可以到这里进行调解，包括一些轻微的人身伤害案件。在这里，我们依稀可以看到中国传统的调解文化中“吃讲茶”的身影，所不同的是，“吃讲茶”是完全的民间自助，没有任何公权力的成分，而“好厝边

---

① 在翔安区工作期间，我上过小嶝岛司法走访，就这么一个小型的封闭式的熟人社区，岛上一位居民告诉我，历史上在很长的时间内，岛上的两个自然村前堡里和后堡里男女互不通婚，孩子也不在一起玩，问其原因，说是历史上两个村庄的人到官衙打过官司，一方败诉，怒甚，立下规矩两村不得通婚，不相往来，这个规矩传了许久才被慢慢废弃。足见，一讼不仅十年仇，可能是十代人的怨恨。

② 好厝边，闽南话即好邻居之意，厝，闽南语“房屋”之意，千金难买好邻居，好厝边会所，有明代申明亭之调解场所功能，无纠纷时，村居老人到此泡茶聊天，也是村民交流的好场所。“好厝边会所”，是项目初级阶段，本人脑洞大开、脱口而出想出的词，后翔安区政府将“好厝边会所”建设纳入村政建设规划，并以公共财政支持。

会所”则是公权指导下的基层群众自治、自律、纠纷自我解决的工作机制。“好厝边会所”中配置一些由法院帮助订阅的法律类报纸，居民闲暇时可阅读，法官、当地派出所民警不定期上岛巡访、了解社情民意、掌握情况、指导调解工作，会所同时也成为工作联系的平台、枢纽点和送法下乡的桥头堡、中转站。平日，即使法官未上岛，遇有事件，特邀调解员也可通过电话请求法律指导，这种指导，不限于纠纷解决，有时村民碰到难事、大事、需要决断的事，只要不与法院审判职能存在可能的职业伦理冲突，法官都会以岛民朋友的身份，热心地给予法律方面的中立第三方意见建议，避免法律风险的发生。

于是，对于秋菊打官司，我们就可以想象出这样一个场景：万庆来回到家中，愤愤难平，秋菊将村长告到了李公安处，李公安想了想，就打电话给王家村所在的人民调解委员，要他们协助调解，调解委员王三喜是村中的长辈，为人颇为公道，村长王善堂见他也得喊一声“三叔”，王三喜接了李公安的电话，就瞅了晌午的时间，到了村长家，王善堂见了赶紧将他让上炕桌，叫媳妇热了壶酒上来，三杯下腹，王三喜悠悠地开了口：“善堂啊，你好歹是个干部，庆来嘴是混了点，可你一下子往人家命根子上踢，想把他变太监不成？难怪人家媳妇跟你急。”

……

附　录

调解劝导书

我知道，你现在怒气冲冲地走进法庭，想打官司。

或许你已经咨询过亲友或律师，他们都支持你，觉得对方太过分了，是可忍孰不可忍。他们都说："告那家伙。"

在你递交起诉状前，请你静下心来，了解一下我想告诉你的：

是的，您正在被纠纷困扰，但我想告诉你，纠纷解决的方式是很多的，诉讼并不是纠纷解决的唯一手段，一般也不是最优选择。因为诉讼会吞噬你的时间、金钱、安逸和朋友，而且，打官司并不一定就会赢，哪怕你认为真理掌握在您手中，但如果缺乏证据的话，也可能会造成"有理输官司"的结果；如果官司输了，你就要承担败诉的全部后果。如果你要和一个以后还必须工作生活在附近的人打官司，更要慎重，因为"一讼十年仇"，无论诉讼的结果如何，恐怕大家心里都有疙瘩。而心理学研究证明，如果人心中有解不开的心结，一见到你不喜欢的人，身体就会产生不好的物质，让你心跳提速、肾上腺素分泌加快，这些都是身体的负能量。有人说，人生气所产生的毒素足以毒死一只鸽子，你体内没有鸽子，只容易造成中医学所说的"五劳七伤"。

即使证据对你有利，需要提醒你的是，诉讼是一种很耗费时间的纠纷解决模式，一起诉讼打下来，半年一年是起码的。不是法官工作效率不高，他们都在加班加点，而是诉讼有着严格的程序规定，一环扣一环，少了某个必要的环节就是程序违法，案件就得重审。

还得提醒你的是，诉讼很“烧钱”。起诉一立案，没有特殊情形，你就得交诉讼费；在诉讼过程中，如果需要鉴定，就要交鉴定费，当事人下落不明，一般需要两次报纸公告，无论官司输赢，这钱你都得预交。诉讼是一件技术活，可能你得需要律师，收费标准你可以上网查查。

最后还得提醒你的是，打赢了官司，不等于你能拿到钱，在中国，相当部分的判决最后还需申请法院强制执行，因为许多义务人抱着能拖则拖，拖一天算一天的心态，就是不自动履行法院的判决书。

即使进入强制执行程序，你也不一定能完全实现自己的权利。在中国诚信体系和财产申报尚未完全建立的今天，个人的财产很容易被转移，公司成为空壳且没有清算。执行难的问题，直到现在还无法破解。

因此，我们建议你在提起诉讼前，不妨考虑一下“调解”这种柔性的纠纷解决模式。

我们所提供的调解员名册上，有各种各样的人，也许有你的邻居，也许正是你所在社区的居委会大妈。有些拥有心理学领域的资格证书，有些是某个行业、专业的顶尖高手，他们会耐心地听你的诉说，帮助你分析问题的所在，并给你恰当的建议。

你不用担心的是：（1）这些调解大部分是不收费的，可以帮助你节省许多银子；（2）他们中间许多都是专业人士，可以给你专业的建议；（3）他们可以帮助你与对方沟通，并将对方的意见转告你；（4）他们可以帮你搭建一个与对方谈判协商纠纷解决的平台。

或许你会担心调解不成功怎么办？我想告诉你的是：没问题，调解一点也不会影响你的诉权，调解失败了，如果你还想打官司的话，尽管上法院好了。因为按民事诉讼法的规定，调解启动的同时也意味着诉讼时效的中断，你不用担心起诉权会不会过期作废。

也许你还会担心：即使达成了调解协议，对方不履行怎么办？也不用担心，法律规定了“司法确认”制度，经过法院确认的调解协议，已经被赋予强制执行力，当事人可以直接申请法院强制执行。当然，你也不用过分担心，因为有统计数据表明，调解协议的自动履行率超过90%，比判决的自动履行率要高得多。

说一千道一万，可以归结为一句话：启动诉讼程序之前，试试在一名调解员的主持下与对方调解，并没坏处。

第四节　中国传统文化中的调解观

一、“无讼思想”溯源

《论语·子罕》记载了孔子与他的学生子路的一段对话，孔子说：“无讼，吾犹人也，必也使其无讼乎！”这句话的大概意思是“诉讼并不是个好东西，如果让我来教化民众的话，我必定使他们明白无讼的道理”。

据史书记载，孔子于鲁定公十年（公元前500年）被任命为鲁国的大司寇，其职责为“使率其属而掌其邦禁，以佐王刑邦国”，也就是执掌一个国家的法律，地位等同于今天的最高人民法院院长。但作为一国的首席大法官，却对诉讼如此反感，这是什么原因呢？

在孔子的思想中，他认为，国家建立基本的法律制度是必需的，但治理天下并不能只靠严刑峻法来吓唬百姓。“仁政”的关键在于个人“德行”（修身、齐家、治国、平天下）的提升，家庭的和谐（父严、母慈、兄友、弟恭），统治者对于子民的爱护（爱民如子施仁政），社会成员间的和睦相处（睦邻、谦让、互助）及对社会弱势群体的关爱（敬老、悯幼、助残、恤贫），人尽其才，物尽其用。在这样一种理想的社会状态（大同社会）中，纠纷的产生自然降低到最小的概率，即使有纠纷发生，也可以通过礼让协商或“德高望重者居中调裁”的方式得到解决。

通过梳理孔子无讼思想产生的根源，我们得出这样一个结论：孔子反对诉讼的一个原因，是认为纠纷的产生在于利益分配的冲突，而冲突的根源在于“人皆希望于己利益最大化”的自私本性。为逐利，人可以“无礼、忘义、少廉、寡耻”。当诉讼成为“争利”的一种手段时，职业法律代理人的介入（中国古代的讼师），挑动冲突各方将纠纷诉诸公堂，“以是为非，以非为是”（《吕氏春秋》中批判讼师邓析语），“好治怪说，玩琦辞，其察而不惠，辩而无用，多事而寡功，不可以为治纲纪。然而其持之有故，其言之成理，足以欺惑愚众”（《荀子·非十二子》）。

中国传统的《周易》中解卦：讼则终凶，其将诉讼视为惹祸上身的凶险行为。

当然，就现代法理学理论而言，孔子对于法治的批评也有其不妥之处：法律是社会规范的最低标准，而道德是较高标准，“人皆尧舜”的大同社会是一种理想的社会状态，但其发展有个循序渐进的过程，不可能超越现实而直接进入理想状态。就“如防小人不防君子”，如家设门锁，是因为有小偷存在。只要有小偷存在，门锁和刑罚就必须存在一样。

儒家的“和合思想”却为纠纷的调解提供了一种东方智慧与哲学思辨。在看待“差异”与“冲突”中，儒家思想认为，“君子当和而不同”，即以平常心看待差异。对于不同意见，是“包容”它，而不是“消灭”它，“求同而存异”也。

在处理人际关系时，讲究“诚信”，认为“精诚所至，金石为开”；主张“信”，认为“人无信，不可其可”；主张“中庸”，认为“致中和，天地位焉，万物育焉”。

西汉董仲舒“罢黜百家，独尊儒术”后，儒家思想逐渐成为主流意识形态，中国成为礼教大国，“和为贵”的思想①成为处理各种关系的指导思想：朝堂之上，主张“政通人和”；家庭伦理中，主张“家和万事兴”；邻里关系间，主张“睦邻”“守望相助”；商业贸易上，主张“和气生财”；民族关系上，以“和亲”的“你中有我、我中有你”解决冲突；军事上，主张

① 事实上，通过调解解决纠纷的观念在比孔子年代更早前就被中国社会普遍接受，在出土的西周铜器铭文中，已经有多处调解解决纠纷的记载。

"内和而外威";纠纷解决方面,主张"无讼是求"。总而言之,"和合文化"渗透到社会生活的方方面面。

西方汉学家对中国传统哲学中对于纠纷解决的态度归结为一句话:"古代中国人在整个自然界寻找秩序与和谐,并将此视为一切人类关系的理想。"①

二、从中医药理看纠纷解决

中国传统的医学药理,对非诉解决纠纷也有启迪意义。

中医认为最重要的是"治未病",即防患于未然之时,通过健康的生活方式、积极的预防、疾病早期的发现与治疗来实现人体"阴"与"阳"的平衡。中医药理反映了国人对于"病缘何而起"和"如何治病救人"的观点。

中医认为,"人体内各器官组织之间,以及人体与外界环境之间,维持着动态的平衡,从而保持着人体正常的生理活动。当这种动态平衡因某种原因遭到破坏而不能立即调整得到恢复时,人体就会发生疾病"②。

与西医主张直接切除病变体、使用抗生素杀死病菌的治病原理不同的是,中医更注重事物本身的平衡,认为人体内部平衡及与外部交流的平衡被破坏导致疾病的产生。

中医认为,未病防病是根本。"未病先防,既病防变,治病求本,扶正祛邪,阴阳调和,因时因地因人,是为医家治病救人

---

① [英]李约瑟:《李约瑟文集》,潘吉显译,辽宁科学出版社1988年版,第338页。

② 郑守曾:《中医学(第5版)》,医学院统编教材。

之法。”[①] 几千年来成为中国社会主流价值的儒家思想认为，诉讼是人性贪恶的表现，主张通过个人“德行”（修身、齐家、治国、平天下）的提升，家庭的和谐（父严、母慈、兄友、弟恭），统治者对于子民的爱护（施仁政），社会成员间的和睦相处（睦邻、谦让、互助）及对社会弱势群体的关爱（敬老、悯幼、助残、恤贫），来实现人与人之间、人与社会之间的和谐。人体若阴阳调和，病从何而起？人际和谐，讼从何而生？

几年前参访我国台湾地区地方法院，与一位退休的老法官聊天，他说法官是一份很辛苦的职业，这位法界先进提到一件事，即他儿子考大学选择专业时，父亲建议其选择法学院，然而他儿子宁愿选择医学院，因为学法律太辛苦了，小时常见父亲在书房中挑灯夜书地写判决，连陪家人的时间都没有，所以不愿意延续这种状态。闻言时，说者及听者均嘘唏，一般社会认知医生是辛苦职业，殊不知在法官儿子看来，“治疗国之病”比“治疗人之病”的工作更为辛苦。老法官退休前写过无数判决，退休后却致力于法律风险防控体系的研究，从纠纷解决入手，研究纠纷之所以发生的根源、高发点、风险点，探索解决方案。其义理，如多年外科手术医生，转研究“病之缘起”，其意为“防病于未发之时，治病于欲发之时”。

病未发在于体健身强，风邪无隙入侵；即使偶有病，病在肌肤时，即引起警觉，早期治疗。即使病起，治疗的关键在于寻本，即找出病源、病根和病灶，标本兼治。“百病之起者，有生

---

① 摘自元代医学著作《丹溪心法》。

于本者，有生于标者，知标本者，万举万当，不知标本者，是谓妄行。”①

治疗的方法在于审证本因，恢复平衡，急则治其标，缓则治其本。用药则讲究“君臣佐使”四者间的配合：君为主药，臣为辅药，佐为活化剂，使为传递介质（生物工程中称为载体）。四者各司其职，称为复方中药，缺一味或比例不对则药效下降甚至出现毒性。

这一理念表现在纠纷解决方式上，即为中国式 ADR。基层组织的自我管理、矛盾初期的排查以及第三方调解的积极介入，都是“治未病”的医理。

同时，对于社会纠纷的解决，建立多防线、多层次、多元化的社会纠纷解决机制，多管齐下，根据冲突的性质和层次选择与之相适应的纠纷解决机制，是为社会纠纷解决的“主药”，诉讼作为权利救济的最后手段，是为“辅药”，而社会自治和自律能力的提高，法律意识的提升，社会保障、优抚救济等社会减震器的建立，是为“佐使之药”。复方之下，正本清源，扶正祛邪，因时因地因人制宜。

三、中国乡土社会的传统调解资源

在中国长达 2000 多年的封建统治中，郡县制的治理模式决定了国家公权力深入社会的最基层政权是在县级，也就是被称为“七品芝麻官”的县令（县太爷）。

---

① 摘自《黄帝内经·素问》。

在“诸法合一，刑民不分”的中华法系中，县令既是地方行政长官，又是司法长官。县衙门中食皇粮者不过数十人，却能保证一个辖区数万甚至数十万人口的县治行政权、司法权的运行，这是怎么做到的呢？答案是：中国乡土社会的自治传统使得大部分的纠纷没有上升到“衙门见官”的层面。

乡村自治是中国社会几千年中基本的治理模式。在公权力资源和政府治理能力有限的情况下，由地方经济、文化和道德领袖所组成的精英团队，在民众的推举下和公权力的认可下作为代理人进行“象征性统治”。这种自治权除了乡村公共事务如税收、水利、祭祀外，最重要的就是司法权的自治。明朝时，皇帝诰令要求每个乡村设立“申明亭”，作为乡村仲裁产业、婚姻、争斗等纠纷的场所。仲裁由乡绅或族老主持，裁决的主要依据并不是国家的制定法，而是传统道德、风俗习惯或村规民约。

在乡土社会这种知根知底的熟人社区中，每一个居民在别人眼里几乎都是透明的，虽然没有西方国家所建立的数字化的个人信用系统，但乡土社会有简单且实用的信用体系。虽然没有监狱、警察、军队这些暴力符号做后盾，也缺乏拘传、查封、拍卖等强行性手段，但由于权威的塑造、道德的说教、地缘的认同、亲缘的信赖等多种心理文化资源所构建的无形威慑力，长期困扰法院的“执行难”问题在此似乎并不存在，即使当事人对于仲裁结果未必完全满意或信服，却更容易自觉或不自觉地服从这种乡村准司法权的意志。

在这种司法权力的分配模式中，乡绅集团取得了乡土社会部分的司法权。“每有纷争，最初由亲友耆老和解，不服则诉诸各房分祠，不服则诉诸叠绳堂。叠绳堂为一乡最高法庭，不服则讼官矣”①，这种建立在封建族权基础上的乡村自治下的裁判权，解决了绝大部分的民间纠纷，使得县太爷这种非职业法官在面对着庞杂的乡村事务时还有空吟诗作赋。

在工业化时代，中国传统乡土熟人社会也面临着转型问题。有些村庄邻近城市，因为城市的扩张而成为“城中村”或因为土地被征用而转行。外来人口迁入，如何相处，如何实现“社区共治”，如何平衡其中的诸多利益？这些都是中国社会发展所带来的问题。但万变不离其宗，乡土社会的纠纷预防及解决，肯定不能走“诉讼依赖”的道路，而必须走“基层事务民主表达、社区自治共管、纠纷自我解决”的道路。这不仅仅是最节约纠纷解决成本、最有利于社区和谐、最符合社情民意的纠纷解决理念，也已经被基层实践所成功证明。

四、纠纷自我解决：“吃讲茶”习俗的法社会学分析

在古代江南社会，有着“吃讲茶”的地方习俗。老百姓间发生了纠纷，双方互不相让，又不想扩大事态闹上衙门，就会相约到茶馆“吃讲茶”。

“吃讲茶”的过程中有一位调停人，可以由纠纷各方共同选定。在浙江绍兴，一些较大的茶馆会在临街处摆上两张马鞍形的桌子，只有乡间街坊中有声望、有背景且公认办事公道的人才有资格上坐，俗称“店王”。纠纷各方在无法协商选定调停人的情

① 梁漱溟：《中国文化要义》，学林出版社1987年版，第277页。

况下，也可以决定到茶店中请“店王”调停。

在调停的时间确定后，各方到达。店中茶博士会给每一位茶客奉上一碗茶，同时给调停人沏上一壶好茶，争执各方按长幼顺序发言，陈述纠纷的过程，同时也提出自己的诉求或解决方案，双方所带的知情人可以对事实作证或补充说明。当双方对事实陈述完毕后，茶馆中所有的茶客均可以发表自己的判断，提出纠纷解决的方法（司法的人民化），但最后由调停人提出调解的方案或依其对情理的判断作出裁决。类似案件受理费由败诉一方承担的原理，理亏的一方承担所有茶客的茶资。

在大部分的“吃讲茶”调解中，纠纷双方在将事说清，理辩明之后就达成了纠纷解决的协议，双方握手言和，争付茶钱。即使对于调停人的裁决不一定服气，但被裁定“理亏”一方还是会主动履行义务。虽然没有强制执行的手段，但纠纷双方都明白，拒不履行调停人所作出的裁决，那就意味着失信，在熟人社会，一个失去信用的人意味着被群体排斥而寸步难行。

“吃茶讲壶”的习惯主要在安徽黄山茶区，这里的农民主要以种茶为生，家家藏有“紫砂茶壶”名品。双方发生纠纷时，就会在调停人的牵引下，带着自家新制的好茶和名壶，在吃茶品壶的同时，将纠纷摆在桌上讨论，通过矛盾的化解将心里的疙瘩解开，也就是当地民谚所说的“吃茶讲理，品壶言和”。

五、谦让为上——一起相邻权纠纷的文化解读

六尺巷位于安徽桐城，这是一个“诗书教化”之地，由于文书鼎盛，在清朝中期形成一个文学学派，称“桐城派”。在开

科取士的年代，这意味着在朝廷做官的士人多，而相对地，其家族在当地就成为“朝中有人好办事”的旺族。

《桐城县志》记载，在清代康熙年间，文华殿大学士兼礼部尚书张英的家人与邻居吴家发生了一起相邻权纠纷。两家的宅基地都是祖上传下的基业，在缺乏红线图和卫星定位的古代，都以某个地标作为分界，时间长了，双方的分界线有些模糊，各自表述时发生了纠纷。吴家先下手为强在公共交界处砌了一堵围墙，这就意味着张家如果想留下一条足以通行的巷子的话围墙必须后退三尺。但张家觉得自己势大，不想退让，于是飞书京城搬靠山，希望张英向地方官打招呼，通过县衙门出面搞定吴家。

张英在回书中题诗一首，诗曰：“千里修书只为墙，让他三尺又何妨？万里长城今犹在，不见当年秦始皇。”家人见信后，遵嘱主动将围墙退后三尺，让出一条道来。吴家闻知此事，也深为感动，主动拆墙退后三尺，双方的谦让形成了一条在当地成为人文景观的“六尺巷”，保留至今。

六尺巷的故事，包含着多种中华传统文化所宣扬的美德。一是张家作为朝廷命官，手握权柄，却不仗势欺人。对于纠纷，即使是己方有一定的道理，也是“宰相肚里能撑船”，以主动谦让求得矛盾解决。二是吴家在张家做出退让后，也是秉承着“人敬我一尺，我敬人一丈”的思维方式投桃报李，成为史传佳话。

此类的例子在传统文化中屡见不鲜，通过妥协达成共识，通过谦让达成共赢，这也是在调解过程中有利于纠纷解决的文化基因。

第二章

DI ER ZHANG

调解概论

第一节 调解的基本原则

《现代汉语词典》中，“原则”一词指的是“说话或行事所依据的法则或标准”。《布莱克法律辞典》中，“原则”一词有如下含义：“（1）法律的诸多规则或者学说的根本的真理或学说，是法律的其他规则或学说的基础或来源；（2）确定的行为规则、程序或法律判决明晰的原理或前提，除非有更明晰的前提，不能对之证明或反驳，它们构成一个整体或整体的构成部分的实质，从属于一门学科的理论部分。”①

调解的基本原则，指的是调解制度所蕴含的内在法律的精神和事物运行遵循的基本规律，是制度设计过程和法律实施过程中必须遵照的规范。

调解制度有哪些基本原则呢？对此，理论界和实务界并未达成统一的认识。本节中，除确定“自愿、合法、查明事实分清是非”作为调解制度的基本原则，同时也对“保密”是否应作为调解制度的基本原则作出论述。

一、自愿原则

自愿原则的内容包括当事人对纠纷解决方式的选择权，即当

---

① 《布莱克法律辞典》“原则”词条，西方出版公司1979年版，第1074页。

事人有权选择他们自己觉得合适的纠纷解决方式，包括但不限于调解；当事人可以随时决定终止调解，转用其他纠纷解决方式；调解协议的内容可由当事人自主决定，只要不违反法律、法规的强制性规定即可；在调解协议达成后，当事人可选择自动履行，也可选择向法院申请司法确认。

当然，在一些国家或地区，立法限制当事人的调解选择权，这就是强制调解制度。在德国、日本、中国台湾地区，均规定某些类型的案件必须经过调解，若当事人未经调解即向法院起诉，则法院不予受理。立法做这样的制度设计，是因为考虑到此类纠纷，或法律关系较简单，或涉及相邻权、家事纠纷、劳动争议，以调解的方式先行解决纠纷，或节约司法成本，或避免当事人间的激烈对抗，另经过调解员的斡旋撮合，或可发现冲突发生之根源，并协助当事人发现共赢的解决方案。我国民事诉讼法修订时，有专家强烈呼吁引入"强制调解"制度，但目前尚未成案。

《中华人民共和国民事诉讼法》（以下简称《民事诉讼法》）第93条明确规定了调解必须在当事人自愿的基础上进行。第96条更是明确规定："调解达成协议，必须双方自愿，不得强迫……"

为了强调调解自愿原则，2004年11月1日起施行的《最高人民法院关于人民法院民事调解工作若干问题的规定》第12条明确规定，调解协议违背当事人真实意思的，人民法院不予确认。

但是，在司法实践中，"以判压调"和"以拖促调"的现象仍然时有存在，下面两段就是调解中的忌语：

● 我不妨告诉你吧，在这起纠纷中，证据方面对你很不利，合议庭可能会作出对你不利的判决，如果以调解结案，你们反而可能争取到更好的结果。

● 你们不愿意接受调解也可以，那就排期开庭吧。你问我什么时候，我也不知道，你看我手头的案件这么多，总得等个三五个月吧。当然，案子不会超审限的，实在不行还可以延长审限。

第一段话就是典型的“以判压调”，而第二段话则是典型的“以拖促调”。调解在实践中虽然有利于纠纷的解决，但调解必须基于当事人自愿，否则，调解变成一种损害当事人合法权益的行为，法官违反当事人自愿原则进行的调解将严重损害司法的公信力。

我们鼓励调解，但并不是所有的纠纷都适合调解。因此，对于调解，我们应本着“能调则调，当判则判”的原则进行，在调解过程中，绝对不能违反“当事人自愿原则”。

司法实践中存在的“以判压调”或“以拖促调”行为，已经直接或间接地违反了《法官职业道德基本准则》的相关规定，也可能导致调解协议的无效。

虽然许多调解员并不一定是法官，但是，关于对法官在调解过程中的职业道德准则，调解员应当参照自律。

要消除“以判压调”和“以拖促调”的不良现象，除了提高法官自身的素养之外，观念转变和制度建构是非常重要的。

首先我们应该明确的是，调解制度是我国民事诉讼体系中的一项纠纷解决机制，同时也只是众多纠纷解决模式中的一种。

有学者批评“调解的本质特征即在当事人部分地放弃自己的合法权利，这种解决方式违背了权利是受国家强制力保护的利益的本质，调解的结果虽然使争议解决，但付出的代价却是牺牲当事人的合法权利，这违反了法制的一般要求”①。

这种批评是有一定道理的，但是如果权利的让步是当事人在对纠纷解决进行整体评估之后作出的决策，是当事人自由处分民事权益，并不违反调解的自愿原则。

［**案例** 2.1.1］在一起民间借款纠纷案中，原告某甲同意放弃对逾期还款期间利息的追索，但要求被告在调解协议签订后必须当场给付全部欠款。在对朋友的解释中，某甲说：“我算过账，如果继续将官司打下去，付出的律师费、交通费和损失的利息也差不多，通过调解，借款的及时回收有利于资金流动。”

在上面的案例中，原告为了尽早实现借款的回收，同意放弃对逾期还款期间利息的追索，表面上他放弃了一部分的权益，但实质上，纠纷解决成本的降低和权利的快速实现使他得到了相应补偿。

［**案例** 2.1.2］在一起交通事故损害赔偿纠纷案中，法院在调解中了解到，受害人某甲不得不同意肇事者某乙在法院调解中提出的以15万元一揽子解决纠纷的方案。虽然医生提醒他，他的后续治疗需要的费用远远不止于这个数额。但某甲考虑再三后还是签订了调解协议，因为他急需钱，而某乙生活在异地，并准

① 徐国栋：《民法的基本原则解释》，中国政法大学出版社1992年版，第123页。

备将货运车辆卖掉后改行。

[**案例 2.1.3**] 某甲因劳动争议起诉乙公司，在法院调解期间，某甲数次拒绝了乙公司提出的和解方案。一日，某甲主动打电话给经办法官，表示改变了主意，愿意接受乙公司的和解方案。双方签收调解书后，法官从其他渠道了解到，乙公司让还在公司打工的某甲的儿子出面做甲的思想工作。但这一细节，某甲从未向法院透露过，调解协议的内容也已经得到了执行。

在案例 2.1.1 中，如果说原告选择了部分放弃是基于理性的话，在案例 2.1.2 中，原告选择了放弃则是基于无奈，在案例 2.1.3 中，原告的选择甚至还有“被胁迫”的外力阴影。那么，我们该如何理解这两个案例中的是否存在违反“当事人自愿原则”的事宜呢?

首先，我们应该理解，我们生活在一个不均衡的世界中。在纠纷解决的过程中，当事人所拥有的社会资源和诉讼能力是不对称的，这种不平衡往往影响到当事人的决策。

调解过程中，法官所要做的，并不是试图改变这种不均衡，而必须确保：当事人在做出决策时，可能影响司法公正的重大事实并未被隐瞒，当事人并未受到欺诈或胁迫，当事人对于法律并未存在重大误解。

在最后一项中，调解员可以对法律的相关规定做适当的释明或建议当事人在做出最后决定时更多地咨询他人的意见。

在案例 2.1.2 中，甲后续治疗所需的医疗费用，虽然法律规定可以在实际发生后另行起诉，但现实情况是，某乙生活在另一个城市，而且准备将肇事车辆卖出后改行。接受可能远远不足后续治疗所需的赔偿数额，是“两害相权取其轻”的痛苦无奈的选择，比起若干年后因当事人难以寻觅或当事人经济状况恶化而导致诉讼目的落空，接受调解协议也不失为一个理性的选择。因此，当事人的选择应理解为不违反自愿原则。

在案例2.1.3中，原告最终决定接受乙公司的调解方案有着“被胁迫”的成分，如果这一事实在调解过程中被发现，调解员应对乙公司进行批评教育，可以以调解协议违反“当事人自愿原则”不予出具调解书。但在调解书已经送达，调解协议的内容得到实际执行的情况下，法院不宜主动进行恢复性干预。

二、合法原则

我国《民事诉讼法》第96条规定，调解协议的内容不得违反法律的规定。

对此，理论界的观点是调解协议的合法性包含两个层面的内容：一是程序方面的合法性，即调解应依照民事诉讼法的有关规定进行；二是实体方面的合法性，即调解协议的内容不得违反法律法规中的禁止性规定，同时不得损害国家、集体和第三人的合法权益。

有观点认为，调解贯穿于法院审判的全过程，可以在审判程序的任何一个阶段进行，诉讼法对于调解并没有规定独立的程序，调解活动在程序上的合法性并没有太多实际的内容。[①] 但是，笔者并不这样认为。

合法性应该成为调解的重要原则。首先，在案件的受理上，必须严格遵守地域管辖、级别管辖和和专属管辖的规定。

例如，北京市朝阳区人民法院“诉前调解”服务的法律效果和社会效果非常好，以快捷和低成本在法院立案前解决了大量纠纷。一些当事人闻名而来，但调解办公室在审查材料时发现一些纠纷不属于法院管辖或不属于朝阳区法院管辖，告知当事人通过其他渠道解决或向有管辖权的法院起诉。

在上面这个例子中，朝阳区法院的做法是对的。虽然有的当事人不理解：人民法院不是为人民吗？为什么找上门的纠纷有些给解决有些不给解决？

理由很简单，那就是调解必须依法进行。即使是未正式立案的诉前调解，其受理也必须以受理法院有管辖权作为前提。

《最高人民法院关于建立健全诉讼与非诉讼相衔接的矛盾纠纷解决机制的若干意见》（法发［2009］45 号）第 21 条规定：当事人可以在书面调解协议中选择当事人住所在地、调解协议履行地、调解协议签订地、标的物所在地基层人民法院管辖，但不得违反法律对于专属管辖的规定，当事人没有约定的，除《民事诉讼法》第 34 条规定的情形外，由当事人住所地或者调解协议履行地的基层人民法院管辖。

---

① 参见闫庆霞：《法院调解制度研究》，中国人民公安大学出版社 2008 年版，第 128 页。

在实践过程中，有人质疑该条款是不是对地域管辖和级别管辖的扩张性解释。答案当然是否定的，因为当事人在调解协议中约定管辖法院的，不得违反《民事诉讼法》中关于管辖的有关规定。

三、查明事实，分清是非原则

我国《民事诉讼法》第 93 条规定："人民法院审理民事案件，根据当事人自愿的原则，在事实清楚的基础上，分清是非，进行调解。"

在这一条款中，既规定了"调解自愿"的基本原则，又规定了调解必须在"查明事实，分清是非"的基础上进行。

对于该原则，理论界和实务界长期存在不同的观点，反对意见认为："查明事实，分清是非"应该是判决的前提条件而不是调解的前提条件，从技术上而言，调解本身就意味着让步、妥协，双方放弃对一些无法查清的事实的纠缠和含混不清的责任的认定。从程序上而言，调解在诉讼的各个阶段均可进行，若将"查明事实，分清是非"作为调解的前提条件，则事实的查明和是非的分清必须经过法庭调查和法庭辩论才能实现，也就是说，调解在诉讼的其他阶段将无法进行，这有违《民事诉讼法》的相关规定。

［**案例** 2.1.4］李大叔和张平是海上养殖户，都住在渔排上，一日，张平 9 岁的儿子张童到李大叔家的渔排上玩，被李大叔家的狗咬伤，张平将李大叔告上法庭，要求人身损害赔偿。

在收到法院的应诉通知书后，李大叔答辩是张童戏弄狗才被咬伤的。按照《中华人民共和国侵权责任法》第78条规定：饲养的动物造成他人损害的，动物饲养人或者管理人应当承担侵权责任，但能够证明损害是因被侵权人故意或者重大过失造成的，可以不承担或者减轻责任。

如果该案进入庭审，受害人的受伤是否因挑逗动物而发生，是一个必须查明的事实，因为涉及动物饲养人的免责问题。在无第三人在场且双方主张完全对立的情况下，查明是一件很困难的事，在无法查证的情况下，只能根据“谁主张，谁举证”的原则进行举证责任分配。

调解过程中，对张童是否去挑逗这一细节，大家都避而不谈。既然不幸已经发生，如何解决才是最重要的，何必去纠缠于一些是是非非呢？可以说，如果一定要在“狗咬人”的起因上分清是非的话，调解是无法促成的。

这个案件之所以能够调解成功，除了风俗习惯起作用外，对于争议事实的模糊处理和责任归属的故意忽略也是主要原因。那么，我们能不能说这次调解违反了《民事诉讼法》第2条规定的“查明事实，分清是非”的原则呢，显然不是。

调解的最高原则是当事人自愿原则，即当事人在法律的框架内自由地处分自己的权利。只要不存在欺诈、胁迫或重大误解，不违反法律的强行性规定，处分行为不损害国家、集体和第三人的合法权益，当事人间自愿达成的协议就应该被认为是对纠纷的合法解决。

《中华人民共和国仲裁法》中，对于仲裁中的调解，也未明确规定调解必须在“查明事实，分清是非”的前提下进行。

学术界质疑归于学术讨论。既然《民事诉讼法》在修订时未对相关的条款作出明确的调整，那么，在司法实践中，我们该如何理解和适用该原则呢？

我们认为，这一原则在具体案件中应由调解员灵活掌握。如果查明事实、分清是非对于纠纷的调解有利，应先查明事实、分清责任归属。

对于在法庭调查和法庭辩论之前进行的调解，可以查明基本事实和关键事实，审查是否存在违反当事人自愿原则和合法原则的事实，若当事人未要求调解员对于责任的归属作一个明确的说明，在制作调解书时可以简略。当然，如果一方当事人坚持要求法院应当查明事实并分清责任归属的话，也应理解这是当事人的权利和自愿原则的组成部分，调解员应在调解书中予以查明和分清，另一方明确拒绝查明或分清，则视为双方无法达成调解协议。

思考题

结合司法实践，谈谈你对“查明事实，分清是非”这一原则的看法。

第二节　调解的保密性

一、保密原则是否应该成为调解制度的基本原则

司法的过程是需要公开的。法谚有云：蝙蝠总是在黑夜中翩翩起舞。意即在司法信息不对称和司法神秘主义中，当事人无从知晓裁判结果如何作出，无法体验更无法参与到司法运行的过程，因此对司法裁判的结果总是心存狐疑。而司法公开是对抗司法专横与擅断的利器，因为“阳光是最好的消毒剂”，公众对司法运行的过程知晓得越多，他们对司法的信任和对法律的信仰就越会增加。

同时法谚有云：“正义不仅要实现，而且必须以看得见的方式实现。”如黑格尔所说：“根据正直的常识可以看出审判公开是正当的、正确的，公民对于法的信任应属于法的一部分，正是这方面才要求审判必须公开。公开的依据在于，首先法官的目的是法作为一种普遍性，它就应当让普遍的人闻悉其事；其次通过审判公开，公民才能信服法院的裁判确实表达了法。”

也正是因为如此，在诉讼程序中，除了国家秘密、个人隐私、商业秘密保护、未成年人权利保障等特殊原因外，审判必须公开进行，即使是不公开开庭的案件，也必须公开宣判。

但调解则不同，无论是诉讼外的调解还是裁判过程中的司法

调解，调解更多体现的是当事人意思自治，是当事人根据自己的决定处分权利。因此，许多国家的法律都明确了调解的保密原则。

在英国司法考察时，一位商事法庭的法官告诉我们如何劝导当事人选择诉讼替代的模式解决纠纷。那位法官说："被告告诉我，这起纠纷将影响到他们公司的商誉，希望法庭在审判过程中采取保密措施，我告诉他们，这是不可能的，司法的过程必须受到社会公众的监督，而且法院所有的判决，除涉及国家秘密等几种特殊的情形外，都必须上网公开，供公众自由查询。对于他的担心，我建议他选择一名调解员妥善解决双方的纠纷，因为调解过程的保密是受法律明确保护的。所以，当纠纷解决后，他们不必顾虑纠纷的发生及解决，是否可能影响公司的社会形象。"

在日本，国家不惜动用刑法来维护调解过程的保密性。日本《民事调停法》第 37 条规定："民事调停委员或者曾经担任民事调停委员的人，无正当理由泄露在其职务过程中所得知的他人的秘密时，处以 6 个月以下的徒刑或 1 万日元以下的罚金。"

保密作为调解制度的基本原则，为许多国家的法律所明确规定。

许多国家同时规定调解过程中的保密义务：

（1）调解的过程及双方协商的内容未得到当事人明确授权即推定为当事人不愿意公开，受保密义务约束；

（2）纠纷当事人、委托律师、调解员未经同意将调解过程或内容公开的，将承担相应的责任；

（3）一方当事人在私密性会谈中告知调解员的秘密，未经当事人授权或许可，不得告知另一方当事人；

（4）当事人在调解过程中对于案件事实的自认，不得作为证据直接进入之后的庭审程序；

（5）调解员或其他调解参加人因职务便利在调解过程中所知晓的秘密，法律豁免其在之后相关案件的审理中出庭作证的义务。

这些国家的立法将保密作为调解的基本原则，主要是基于如下几个方面的考虑：

首先，保密原则有利于调解员和当事人之间建立信任关系。有了保密原则作为制度性保障，当事人在调解过程中会更愿意向调解员陈述自己真实的想法，也不用回避或隐瞒对自己不利的事实，这是因为保密制度保证了即使调解宣告失败，纠纷进入诉讼，这些陈述也不会在诉讼中成为对自己不利的证据。信任使得调解员更容易和当事人进行沟通，更深入了解当事人的想法，对纠纷的产生、冲突的焦点、双方的分歧所在、当事人的谈判底线有着更全面客观的了解，“量体裁衣”地提出创新性纠纷解决方案，促成调解。

其次，与诉讼、仲裁等其他纠纷解决方式相比，调解是在当事人自愿的基础上对纠纷的解决方案形成合意，调解并不存在“胜诉方”或“败诉方”一说，而是一种妥协的中间方案。在某些纠纷中，当事人接受调解方案，就是因为调解的保密性原则。因为仲裁和诉讼的程序性和公开性可能使当事人的信用和商誉受到质疑，而许多时候，公众评价并不是“真理越辩越明”，而可能是“事情越抹越黑”，这也使得许多当事人愿意选择保密性较强的调解而不是公开性较强的诉讼来解决纠纷。

最后，调解作为一种合意型的纠纷解决方式，是基于当事人自愿的原则而进行的，只要调解协议不损害国家、集体、第三人的合法权益，调解的过程及结果并无向公众公开的义务。即使调解协议中存在损害国家、集体、第三人合法权益的内容，也可以通过司法审查、案外人诉讼、审判监督程序等方式进行纠错，无须通过调解协议的公开进行监督。

对于保密原则是否应成为调解的基本原则，在立法实践中，我们通过最高人民法院司法解释性文件的条款内容可触摸到其态度的变化：

（1）当事人申请不公开进行调解的，人民法院应当准许。［《最高人民法院关于人民法院民事调解工作若干问题的规定》（法释［2004］12号）第7条］

（2）调解过程不公开，但双方当事人要求或者同意公开调解的除外。［《最高人民法院关于建立健全诉讼非诉讼相衔接的矛盾纠纷解决机制的若干意见》（法发［2009］45号）第19条］

如果说2004年印发的《最高人民法院关于人民法院民事调解工作若干问题的规定》第7条将是否保密的决定权交给当事人行使的话，那么，2009年印发的《最高人民法院关于建立健全诉讼非诉讼相衔接的矛盾纠纷解决机制的若干意见》第19条则明确了“调解过程和结果以不公开为原则，以公开为例外”的保密原则。

曾经有法官对此提出异议，认为两个条款间是矛盾的。事实上，作为后一个文件起草过程的参与者，应该说，第19条所确立的调解的保密原则，是最高人民法院司法改革办公室“多元纠纷解决机制课题组”的研究成果，也是一种观念的转变和一个重大的突破。

二、保密的范围及制度保障

1. 调解过程保密

司法的过程是公开的：立案公开、审判公开、听证公开、执行公开、文书公开。在法庭审理中，诉讼参与人的每一句话都将被书记员如实记录，并在庭审结束后经各方核对签名。在一些法院，当事人的桌子上就放有电脑显示屏，诉讼参与人可以同步阅读庭审笔录，并在不影响庭审正常进行的情况下提示书记员对错误之处进行修正。

调解则不同，除非当事人要求，调解的过程一般不作具体笔录，但可以作简要的调解笔录，比如调解的时间、地点，调解的参加人，调解的结果等，调解过程中的谈话不作记录。这样做一是体现调解的工作量；二是部分案件，比如离婚案件的审理，调解是必经程序，必须有一个书面记录证明已经调解但未成功。

2. 调解结果保密

与审判过程中“无论是否公开开庭审理，宣判结果必须公开”不同的是，如果当事人要求的话，调解的结果也是保密的范围，比如下面的案例。

[**案例** 2.2.1] 2006年，南京市民彭某陪同一摔伤徐姓老太太到医院检查，后老太太主张系彭某将其撞伤，而彭某则答辩其

系做好事，双方就事实真相争论不休，经互联网及传媒的传播后成为公共事件。一审法院判决彭某需承担40%的赔偿。当事人提出上诉后，在二审审理过程中，当事人自行达成和解协议。但当事人间拒绝向社会公开和解协议的内容，法院也谢绝了媒体的采访。

南京彭某案经网络和传媒的炒作之后，成为一个公共事件，被赋予太多法律之外的内容，某个意义上成为“公众情绪的垃圾筒”和“社会焦虑集体无意识的宣泄口”。公众对于一审判决普遍存持不满意的态度，事实上，无论此案如何下判，总是会存在对判决不满意的群体。

由于证据方面的“罗生门现象”①，一审判决中，法官根据日常经验法则作出合理推测，以公平原则分配责任，是一种持中之论。二审审理过程中，在法院调解下，当事人间达成和解协议后原告撤诉，也是当事人对于纠纷达成合意的解决协议。但是对于和解协议的内容，双方当事人拒绝向公众透露，法院也以“不便透露”为由谢绝采访。

南京法院的做法是正确的。公众虽然强烈要求“知情权”，但法院仍然必须尊重当事人的保密决定。事实上，也正是出于保密的考虑，当事人决定采用和解的方式结案。只要没有明显的证据证明和解或调解的结果损害了国家、集体和第三人的合法权

① 日本导演黑泽明电影《罗生门》之后形成的一个名词，指的是当证人出于自身利益或某种原因作出不同的证言，不同立场和不同角度的叙述使得真相更加扑朔迷离。

益，法院无权公开和解协议的内容。

在达成调解协议后，一方当事人违反保密的约定而自行公开协议的内容，给另一方当事人造成名誉或商誉损害的，受害人有权提起诉讼，比如：

［**案例**2.2.2］北京市甲公司起诉乙公司不正当竞争，后双方在法院主持下达成调解协议，乙公司同意公开赔礼道歉并赔偿原告经济损失3万元，双方约定了保密条款。案件自动履行后，甲公司在互联网上公开了调解协议的内容，并接受多家新闻记者的采访，称乙公司的行为系欺骗消费者，原告的打假行动得到了法院的支持云云。乙公司遂以甲公司诋毁其商业信誉，构成不正当竞争起诉甲公司。

在调解协议中，保密条款也是协议中必须受到尊重和严格执行的组成部分。在日本，如果主持民事调停的委员泄露其在履行职务过程中所知晓的当事人的秘密的，可能被处以徒刑和罚金。法律不惜以刑事处分的霹雳手段来处罚调解过程中的泄密者，是为了捍卫调解制度保密的基石。

思考题

你认为在中国是否有必要将“保密原则”作为调解制度的基本原则进行制度设计？

第三节　调解的依据

一、调解所依据的正式规范

人民法院进行审判是“以事实为依据，以法律为准绳”，那么，调解的依据与法院审判活动的依据有什么不同呢？

应该说，在制定法方面，调解与审判的依据都是一样的，凡是法院判决书可以援引的法律，都可以作为调解各方当事人来查明案件事实、分清各方责任的依据。

1. 宪法

宪法是国家的基本大法，主要规定了公民的基本权利和义务、国家机构、国旗、国徽、首都等国本问题，我国的法律体系并未赋予法院“违宪审查权”，故一般的观点认为法院在审判时不宜直接援引《中华人民共和国宪法》（以下简称《宪法》）的条款作为判决的依据。同理，人民法院在制作调解书时亦不宜直接引用《宪法》条款，但可以在调解过程中向当事人宣传《宪法》的精神并解释《宪法》的内容。

2. 法律

这里的法律指的是狭义的法律，指的是全国人大及其常委会依照立法程序制定的规范性文件。

3. 法律解释

法律解释包括立法解释、司法解释和行政解释。我国立法解释权属于全国人大常委会，全国人大常委会的法律解释同法律具有同等效力。司法解释包括最高人民法院的审判解释和最高人民检察院的检察解释及这两个机关联合作出的解释。行政解释是指由国家行政机关对于不属于审判和检察工作中的其他法律的具体应用问题以及自己依法制定的法规进行的解释。

4. 行政法规

行政法规包括行政法规和地方性法规。行政法规是国务院为领导和管理国家各项行政工作，根据宪法和法律，并且按照《行政法规制定程序条例》制定的涉及政治、经济、教育、科技、文化、外事等各类法规的总称。

地方性法规，即地方立法机关制定或认可的，其效力不能及于全国，而只能在地方区域内发生法律效力的规范性法律文件。

民族自治地方的自治条例和单行条例，即由民族自治地方的人民代表大会制定的、有关本地方实行区域自治的组织和活动原则、自治机关的构成和职权等内容的综合性规范文件。

经济特区立法，即根据《中华人民共和国立法法》第65条之规定，由全国人大授权经济特区所在省、市人大及其常委会根据授权的范围制定法规，在经济特区范围内实施。

5. 行政规章

行政规章包括部门规章和地方政府规章。关于调解员能否引用行政规章进行调解的问题，答案是肯定的。因为调解是当事人对于纠纷的解决达成合意，只要不违反法律的强行性规定，当事人甚至可以合意自创规则。

与其他上位法相比，行政规章所规范的对象更为微观，在特定的区域内，行政规章可能比法律法规更接近于纠纷当事人生活区域的现实情况。因此，在调解过程中，只要当事人双方无异议，行政规章可以作为调解的依据。但应该指出的是，如果纠纷各方分属于不同的地区，而调解员援引当地政府的规范性文件进行调解的话，必须对文件的来源和效力事先作出说明，避免误导当事人。

二、区际法律冲突如何解决

中国目前存在大陆（内地）、香港、澳门、台湾四个不同的司法区。其中，大陆（内地）属于中国特色的社会主义法律体系区域，在一国两制的框架中，我国香港继承了前英国普通法体系，我国澳门则仿效葡萄牙司法体系。我国台湾地区是以“六法全书”为核心的司法体系。在全国各地交往日益频繁的今天，来自不同司法区的居民间发生冲突，如果适用调解，如何适用法律呢?

其实问题也很容易解决。如果纠纷当事人都是某个司法区的居民，双方同意以该司法区的法律作为依据确定调解协议，只要其内容不违反我国法律的禁止性规定，不损害国家、集体和第三人的合法权益，不违反公序良俗，调解协议是可以准许的。

那么，如果纠纷各方分属不同的司法区，调解的依据如何确定呢？法院在解决区际法律冲突的问题时，有完整的系属公式，可以确定判决应适用的区域法律。而调解更多的是当事人自治，适用何地法律可交由当事人自由选择而无须受系属公式的约束。从理论上而言，即便当事人合意将不同区域的法律规范融合自创规则，只要不违反调解地法院法律强行性规定，不违反公序良俗，亦无不可。但在涉台案件的调解中，对我国台湾地区司法文件的适用须慎重，一般不得直接引用。

★提示

随着海峡两岸交流的紧密，大陆法院涉台民商事案件越来越多。在当事人一方或双方为台湾地区居民的情况下，在调解过程中，调解法官应谨言慎行，坚持“一个中国原则”。在调解书制作时，必须对当事人所提供的书面材料中一些词语进行转化，如“中华民国”应该转化为“台湾地区”，“民国纪元”应该转化为“公元纪元”。但对于一些与意识形态无关的词语，比如“激光”与“镭射”、“宇宙飞船”与“太空梭”，可进行转化也可尊重当事人的语言习惯直接引用。

三、国际条约和国际惯例可否作为调解的依据

对大部分基层调解组织而言，这个问题似乎有些多余，鸡毛蒜皮的小纠纷援引国际条约或国际惯例进行调解，似乎有些雷人。其实不然，在“地球村”时代，跨国纠纷的产生也是可能的，假如你是一位外贸业务员，你所在的公司与美国的一家企业因订单发生了纠纷，对方在中国提起仲裁或诉讼，那么，因外贸涉及的许多环节，中国签署加入的国际条约或被各国普遍认可的

行业惯例可能被引用，或作为裁判的依据。

对于国际条约和国际惯例在国内法的适用上，国际上存在“转化”和“纳入”两种方式。“转化式”理论认为国际条约在国内法上具有间接适用性，也就是说，国际条约须转化为国内法才能在国内适用，代表国家有意大利、英国等。“纳入式”理论认为只要在国内法中对国际条约与其国内法的关系加以了确定，已明确了国际条约在其国内的适用方式就可直接适用，代表国家有荷兰、美国、俄罗斯等。中国的现行立法、司法解释、司法实践等已表明，国际条约和国际惯例在中国国内的适用采取的是纳入方式，即条约在中国国内法上具有直接适用性。

★一个有趣的问题

如果两个外国人在中国发生纠纷，两人依据其国籍国的法律达成和解协议，并请求法院司法确认，人民法院是否可以给予确认呢？

我们认为，在此类涉外纠纷中，司法管辖权是国家主权的一部分，但在实体权利的处置中，当事人间达成合意，援引其所在国或第三国的法律形成调解协议，并不损害中国的司法主权，但中国法院可以根据“公共秩序保留”和“善良风俗原则”进行实质审查，在不违反中国法律强行性规定和经审查不损害国家利益、不违反公共秩序和不损害第三人合法权益的前提下，可以予以司法确认。但在调解书或司法确认书的制作中，不宜出现或直接引用相关的外国法律条款。

四、调解过程中可以援引或参考的非正式规范

1. 政策

政策是指国家政权机关、政党组织和其他社会政治集团为了实现自己所代表的阶级、阶层的利益与意志，以权威形式标准化地规定在一定的历史时期内，应该达到的奋斗目标、遵循的行动原则、完成的明确任务、实行的工作方式、采取的一般步骤和具体措施。在我国，政策分为党的政策和国家政策，但二者间没有明确的界限，因为党委和政府联合发文的情况是普遍存在的。

政策是一种中国特色的产物，但有其存在的合理性。在法治尚不健全的时期，党的政策对于基层矛盾的解决起到重要的指导作用。随着法制建设的推进，许多政策或政策性文件逐步上升为法律或行政法规，法律的空白区逐渐被填补，但这并不意味着政策在纠纷解决中的完全退出，在处理一些历史遗留问题（如企业改制）时，政策仍然起到积极的指导作用。但是，在实践过程中，我们必须警惕和防范某些带有地方保护主义的“土政策”。

2. 判例

在中国大陆，法院判例并不是正式的法的渊源，也就是说，即使是被最高人民法院所肯定的判例，也不能作为判决的法律依据，但是可以作为裁判的指导或参考。同理，在调解过程中，调解员可以援引判例作为说服的依据，也可以参考判例的精神和内容引导当事人达成调解协议。事实上，判例是丰富的矿产资源，在厦门，有一个法律大数据团队正在做这样的一个系统，这个系统名叫“易判”，就是对某个区域某类案件之前先例判决的解

构，分解成要素和裁判规则，当事人碰到纠纷时，只要根据咨询员的问题提示，回答相关的问题，系统即可作出“法官可能的判决预测”。根据前期测试，在某些裁判规则明确统一的纠纷领域，准确率可以达到90%以上，预测判决的同时，还可以发现“对当事人最有利的行动方案”，如哪方面的证据应补强，哪个裁判规则对己方较有利等，甚至可以分析具体法官的裁判思维和裁判尺度。当然，司法大数据在一定时期内并不可能取代法官或律师，因为司法的过程是一种智慧产品的过程，并不是简单的数据运算，特别是“如何通过自由心证形成内心确信”的过程，更是一种“不可知”的过程。故司法大数据可以为当事人或司法从业人员提供帮助，帮助他们从烦琐的法律检索工作中释放时间，也可以提供裁判基本判断，但完全取代法官或律师，却是不现实的。

3. 法理

法理指形成某一国家全部法律或某一部门法律的基本精神和学理，在一定意义上是法的渊源。在许多现代法治国家中，都将法理确认为民事法律的渊源之一（刑事方面根据罪刑法定主义原则，一般不能适用法理）。这是因为法律无论如何详尽，也不可能把错综复杂、千变万化的社会现象都毫无遗漏地加以规定。法理可以补充法律的不足，所以有些国家把法理作为最后适用的法源，即法律无规定者，依习惯；无习惯者，依法理。在调解过程中，在缺乏具体的法律条款可适用的情况下，直接适用法理或法律的基本原则作为调解的依据，也是可以的。在成文法国家中，法官的判决必须适用具体的法律条款，而不得任性恣意。但也存在这样的困境，毕竟立法有滞后性，许多纠纷类型先于立法而出现，此时确实存在法律的空白区，或者虽有法律条款，但条款的适用将导致明显的利益不平衡，不符合法律分配公平、维护正义的要旨。此种情况下，如何处置，就是问题。故在一些比较特殊的案件处理中，法官直接适用法律原则，诠注和解读法律的真实要义，而不拘泥于具体的条文规范。但这种情况比较特殊，法官判决时相当审慎，不轻易适用。调解则无此顾虑，可透过规则甚至绕过规则（当然，不得故意规避强行性规范）去叩问立法者的真正意图，寻找个案中的正义，平衡纠纷中各方的利益，如孔子所言之“从心所欲而不愈矩”。调解员之境界，达到高手，如庖丁解牛，目中已无全牛，唯有骨骼肌腱，游刃有余；如陌上之花开，缓缓而行，眼中皆景，脚下皆路，目标在远方，规矩在心中。

所以，笔者认为，调解员并不要求经过系统的法学训练，但要成为一名出色的调解员，对法律的自主学习是必要的。在法律学习的过程中，法理十分重要，法理与法条相比，法理如入门的“易筋经”，法条如“黑虎掏心”之类的拳术，一内化于心，一外现于术。诚然调解之所以成功，术数之运用，有立竿见影之效，但升堂入室，必须研习心经，感悟法律精神之要髓，方可不断晋级，成为调解的段位高手。

4. 习惯

习惯是人类社会最古老也是最普遍的法律渊源。习惯或无明文记载，却约定俗成，行之有效。如西南某些少数民族集体外出狩猎，得猎物，第一射中者得其头，并由其主刀分配猎物，就是习惯。安徽黄山脚下之宏村，水沟绕村，每天晨起，几时饮用，几时后可涤衣，不得往水道中倾倒秽物，国法无明文规定，村规民约有之，村中百姓，稚儿也知道这个规矩，行之千年，朝代迭变而规矩不改，是为习惯的生命力。福建周宁浦源村，溪中养鲤鱼，民俗约定不得捕食，鲤鱼终其天年后，由村中长者放入鱼冢，成为人鱼同乐的人文佳话。

《法国民法典》第 1 条规定："有法律依法律，无法律依习惯，无习惯依法理。"习惯成为制定法空白时的有力补充。习惯甚至成为"法存歧义"时的解释依据，如《法国民法典》第 1159 条规定，"有歧义的文字，按契约订立地习惯解释"，第 1160 条规定："习惯上的条款，虽未载明于契约，解释时应加以补充。"《德国民法典》第 157 条规定："契约解释，应当遵循诚实和信用的原则，并考虑交易上的习惯。"

当然，习惯有良俗与陋习之分。良俗者，符合公平、正义、和谐、环保之理念与价值，陋习者，则暗藏人性之私，以风俗习惯为名，强人所难，如当今闹洞房调戏新娘、活人造墓、婚丧事大操大办铺张浪费，应为陋习。

法律对习惯之态度，持开放包容、批判接纳之态度：符合公共秩序的良俗，接之纳之，许多法律之前生由习惯被认可而来；对有悖公平正义法治精神的陋习，则纠正之。2017 年 3 月 15 日，《中华人民共和国民法总则》在第十二届全国人大五次会议上获得通过，第 10 条明确规定："处理民事纠纷，应当依照法律；法律没有规定的，可以适用习惯，但是不得违背公序良俗。"明确了习惯作为民事纠纷解决的法源地位。

事实上，法律在其形成的过程中，也大量地吸收了善良风俗和交易习惯，并使之上升为成文法的内容。比如，在不动产交易领域，长期有着“租不拦当，当不拦卖”的习惯，这与当前法律如何处理不动产的买卖、抵押和租赁权之间的关系是一致的。但更多的习惯，并未进入国家正式法体系，以非正式规范的方式存在于人们的日常生活中，有着顽强的生命力。

[**案例** 2.3.1] 周某经人介绍向吴某购买猪仔34头，货款付讫。交付后的第二天，猪仔出现不吃食的现象，后部分猪仔死亡。周某在起诉时主张按当地交易习惯，猪仔交易后的三天内，因不吃食而导致的死亡，由卖方承担赔偿责任。而卖方则主张，猪仔交付时并未发现病症，按买卖合同的规定，交付时风险随之转移，故周某应自行承担猪仔死亡所带来的损失。

在上面的案例中，法院判令被告合理赔偿原告因猪仔死亡而产生的损失。[①] 根据当地猪仔市场的交易习惯：“猪仔在售出后三天内因不进食而导致死亡的，由卖方承担损失。”

交易习惯指的是人们在民商事活动中所逐渐形成的为广大人民群众所接受或约定俗成的交易规矩或习惯性做法。如果这种习惯存在于某行业内，也称行业惯例。由于交易习惯有一定地域性，十里不同俗，不同的地区可能有着截然不同的交易习惯或行业惯例，所以习惯一般适用于长期生活在该地区的人们。在调解中援引习惯，可以对交易双方约定不明的地带进行填补，也容易

① 汤建国、高其才主编：《习惯在民事审判中的运用》，人民法院出版社2008年版，第69页。

为纠纷各方所接受。而法律对于习惯的承认，在法社会学层面上也有利于当地自治秩序的形成。

[**案例**2.3.2] 福建闽南某农村的刘老汉在儿子去世后，儿媳妇按风俗招了一接脚夫小邵上门。小邵在刘老汉家生活期间，刘老汉将其当成儿子看待，将房子分一半给他，村里分配征地补偿款，也一分两份，分给小邵和大儿子。但刘老汉老弱多病后，小邵却以自己与刘老汉并无法律上的亲属关系拒绝尽赡养义务，被刘老汉告上法庭。

就法律而言，小邵与刘老汉之间确实并未建立拟制的亲属关系。小邵可以将分得的房子理解为其妻在丧偶后夫妻共同财产应得的份额，而征地补偿款的取得是基于小邵村集体所有制成员的身份。但就风俗而言，“接脚夫”是我国自宋朝以来就有的一种民间风俗，指的是儿媳丧偶留在夫家生活，并以“接脚”的方式招婿上门，“接脚夫”的地位形同儿子，享受继承财产的权利，但同时也承担着祭祀和养老的职责。小邵在上门时按风俗与刘老汉订立了“合约书”，在村民的观念中，作为“接脚夫”的小邵理应承担为刘老汉养老送终的义务。

有人认为，“接脚夫”是一种具有人身依附性内容的封建习俗，形同借种。我们不这样认为。

首先，“接脚夫”符合平等自愿的契约精神，成为“接脚夫”的男性在自愿入赘后，在财产的分配权上享有与逝去前夫同等的权利，但也必须承接其所必须承担的义务，在享受权利和承担义务方面是对等的。其次，从经济学的角度而言，在小农经济时代，丧偶儿媳无论有无子嗣，其回娘家生活，势必占用娘家的生产资料和生活资料，未必会受到娘家兄弟或嫂子的欢迎。而其留在夫家，若无子嗣，则其夫家财产可能受到族中亲属的觊觎或因缺乏劳力无力进行耕作。这个问题，在当今的乡土社会仍然存在。接脚夫的风俗，巧妙地解决了诸多方面的难题，是一种不违反法律而又符合伦理纲常的多方共赢的“残缺家庭重组模式”。

最终，受案法院以善良风俗为依据，判决小邵应尽赡养义务，此案在二审维持原判后在当地产生了很好的社会效果。

在调解中，参考当地交易惯例、村规民约、社区公约和善良风俗等非正式的民间规范，引导当事人达成调解协议，比较容易为纠纷各方所接受。当然，这也给调解员提出了较高的要求，调解员必须收集和熟悉当地的风俗习惯，加以整理和区分，分出“良俗”与“恶俗”，将之引入民商事调解工作。在这方面，江苏省姜堰市人民法院在司法实践中进行了积极的探索，也取得了许多经验。

★赔礼道歉的方式。可以采用燃放鞭炮、发香烟或端茶赔礼等方式变通执行。

★赡养费的支付方式。赡养人以务农为生的，赡养费的支付方式可以以实物为主、货币为辅。

姜堰市人民法院在短短的几年内，收集了近千条善良风俗，近 10 万字的材料。我们就可以很好地理解，这些从土地中自发生成的规则，虽然与法律的规定似乎有着不同的形态，但更容易为乡土社会的居民所接受。

比如“赔礼道歉”，《民法通则》虽然未明确规定“赔礼道歉”应当以何种方式进行，在城市中，赔礼道歉除当面进行外，还可以通过登报的方式进行。而在乡土社会，受害人要求过错方赔礼道歉除了心理慰藉外，主要是消除在熟人社区中的不良影响，恢复受害人的名誉。

民俗中对于“赔礼道歉”有一些约定俗成的方式，比如放鞭炮、挂红或端茶赔礼等，在福建农村，还有过错方请一台社戏，并在社戏开演前当着乡党的面向对方道歉的习俗。这些习惯，应该得到法律的尊重，在调解时，涉及“赔礼道歉”的方式，可以参考当地的风俗习惯进行。

★每年250斤稻谷，20斤花生仁，15斤花生油，6斤大豆和80元人民币。稻谷分夏秋两季给付，每次给付一半，80元人民币于每年除夕前给付。

上面一段文字是我们在以乡土社会为特征的某基层法院抽查法律文书时一份调解书上的文字。我们发现一个有趣的现象是类似的文字在许多家事纠纷的调解书中都能找到。这也正是姜堰市人民法院在实践中所主张的“赡养人以务农为生的，赡养费的支付方式可以以实物为主、货币为辅”。稻谷和花生都是当地的主要农产品，也是当地居民的主要日常食品，分两季支付的方式，不仅仅是考虑到义务人的承担能力，也让被赡养人减少粮食贮藏的负担，而货币在除夕前支付，符合当地的风俗，这也是法律的精神在司法实践中乡土化的过程。

思考题

在调解过程中，在不违反法律强行性规定的情况下，可参考村规民约等非正式规范引导当事人达成调解协议，谈谈你的看法和实践中的具体操作。

第四节：调解与新科技：在线调解

一、在线纠纷解决

“未来已来，只是不均匀地分布在当下。”

这是阿里巴巴集团副总裁俞思瑛在杭州首届互联网法治西湖论坛上发言的开篇语。调解的未来在哪里，很简单，随着社会的发展，人与人之间的交往、合同商务等需要被法律所调整、规范、评价的行为越来越多，纠纷也会越来越多，法院诉讼，作为一种成本较高的纠纷解决成本，适用在小额纠纷上，于社会、于当事人，均是不经济的，纠纷一旦发生，必须得到解决，否则，交易规范、交易安全无法建立，一个基本秩序和消费者权益无法得到保障的市场，必定是一个无法稳定繁荣的市场，因为高风险决定高成本，资本厌恶风险，交易主体也是，如若不能提供一个高信任度、低风险、纠纷快速低成本解决的交易秩序，则交易平台赖以存在的基础将摇摇欲坠。

电子商务的交易模型发展到最后，平台服务商发现，无论交易规则如何被制定和完善，消费者和商家间的认知分歧、利益冲突及纠纷发生，始终在所难免，如若不能快速有效低成本地解决争端，则随着电子商务平台的发展，微观的问题将逐渐积累成为“奥吉亚斯的牛圈”（古希腊神话中一个国王的牛圈，长时间不打扫积累的秽物，终于将牛圈变成一个极为混乱且难以清理的地方），将如骆驼身上的稻草，最后压倒骆驼。

与传统商务模式不同的是，电子商务多数为小额交易，买家和卖家可能分别在不同的省份，相距数千公里，这也意味着，纠纷解决若遵循传统的到法院起诉、开庭、提交证据、参加法庭调查、进行法庭辩论，最后由法官作出裁判是不现实的，当事人双方面对面通过谈判、磋商，或请求调解员调解来解决问题，也因为物理空间距离的遥远而不具有现实可能性。

互联网技术衍生的问题，最佳的解决出口依然是互联网，应了那句老话：“解铃仍需系铃人。”

还有一个问题是，一般的消费者愿意承受多少开支用于纠纷解决，答案很简单，解决纠纷的开支当然应低于纠纷解决所能带来的收益，否则纠纷解决则成为一项“负增收”行为，除了出口气，维权成为负担。在现实生活中，许多消费者在遭受商家欺诈之后选择忍气吞声，原因就在于维权成本过高，预期收益不足以弥补现实开支。从情感层面，消费者的退让不等于“退一步海阔天空”，除愤愤不平、郁结于心外，市场交易的安全、诚信、秩序等无法得到保障，不守规矩者获利，守规矩者受伤害，“劣币驱逐良币”之负面效应已然生成。电子商务行业发展，若不能有效解决此瓶颈堵点，则“发展的可持续性”将如同在流动的沙丘上盖房子。

人民群众对纠纷解决司法的需求，催生了杭州西湖区法院的“电子商务网上法庭”，之后升格为“杭州互联网法院”，这也是人民法院对互联网空间的司法规制的主动作为。

问题在于，以中国电子商务的规模体量、发展速度及纠纷发生的或然率，在全世界，没有哪一个国家的法院能提供如此当量级的司法审判能力，这也决定了电子商务纠纷解决必须寻找另外的出口，一种在法院诉讼之外的替代性纠纷解决模型。

最后，阿里巴巴公司创造性地推出了“大众评审在线解纷机制”，这是一种高效、低成本且不占用公共司法资源的在线纠纷解决模式。

高效的原因在于纠纷的解决通过在线沟通、聊天工具等在线技术实现商家、买家、平台客服的多方互动，发现分歧、沟通协商，纠纷发生后，双方可以从后台数据库中导出商品页面、订单、物流、货物收验、双方前期沟通商谈过程的电子证据，通过双方自行沟通、客服介入调停及处理等方式解决纠纷。如若纠纷仍无法解决，则交易双方可提交大众评审团进行判定。

大众评审团的评审员，从商家和买家中，依申请加入，获得评审员资质必有一定的网店经验、购物体验，积累相当的经验值及信用分，且无不良记录。大众评审采取在线听取买卖双方陈述及辩论、调取阅读相关购物电子证据，并结合平台规则、日常经验法则进行投票表决，获支持票多者胜出。由于纠纷双方在将争议提交大众评审时，已经阅读了解相关的制度规则并以明示方式同意接受裁决结果，若买家胜诉，则平台直接将预付货款退回，不足部分可从商家在平台中的网店押金直接扣除支付给消费者（商家与平台以服务合同方式约定），若商家获胜，则预付在平台的货款将被支付给商家，故大众评审机制，不存在申请法院强制执行的后续问题，纠纷解决的流程，在平台上形成完整闭环。同时，如果消费者对评审结果不服，仍可向人民法院起诉，评审机制并未限制或剥夺当事人诉权，故评审机制虽未被我国当前的纠纷解决制度所明确规定，也并不违反法律强行性规定，依“法无明文禁止即许可”之法理，大众评审团有其合法性基础。

目前国外许多电子商务平台，亦多数采取此类纠纷快速解决机制。

由于大众评审的裁判主体并不是法官、仲裁员或调解员，评审活动基本通过在线完成，裁判成本很低，评审员参加这项工作，多基于评审活动的公益性和过程的有趣性，他们也将听取纠纷的过程、分析证据、评审讨论当成一项有益于经验成长、身心愉悦、服务社会公益、共建共享电子商务交易秩序的工作。

从客户满意度调查来看，大部分的纠纷当事人信服并接受这项制度安排。

二、中国在线纠纷解决平台的功能设计

2017 年 3 月，全国第一个在线矛盾纠纷多元化解平台在浙江正式运行，受理并在线成功调解了第一起纠纷。之后，平台的

各项指标快速发展：截至2020年2月18日，已在线成功调解纠纷736021件，平台在线注册调解员45739名。新冠肺炎疫情防控期间，平台还专门开通涉疫情纠纷法律咨询、调解服务专项服务，通过在线课堂，完成对注册调解员的岗位培训。

与在线调解案件受理数及调解成功数同步的是，2018年浙江全省法院系统案件受理数增幅从2017年同期的14.83%下降到3.37%，2019年上半年更是实现了民商事案件收案数的负增长。诉讼替代，或者说是我们所倡导的调解优先，通过平台功能，先行在浙江省得到实现。

司法在技术的助力、支撑、引导下，多元化纠纷解决机制建设和在线解纷平台的技术支持，如车之双轮、鸟之双翼，奏响了新时代“枫桥经验”的华丽乐章。

其一，从平台功能上，在线矛盾纠纷多元化解平台解决了纠纷快速受理问题。在线调解平台实现了网上立案，纠纷一方当事人可以在平台（包括电脑的网页版及手机APP版）上，提出调解申请，也可就近到线下的调解组织或机构申请立案，立案后纠纷被登记到平台上，纳入平台案件管理。

人民法院诉讼服务中心受理网上立案后，引导先行调解，或立案后委托调解，将纠纷导入平台。综之，比起传统的案件受理方式，纠纷受理的门槛更低，路径更多，也更方便。与诉讼相比，申请调解不需要标准格式的起诉状、明确的诉讼请求，对方当事人的信息及相关证据，可以在后续解纷过程中完善或提交。纠纷受理后，平台管理者要求调解组织、调解员必须在规定时间内及时回应，主动联系当事人，了解纠纷缘起，申请者诉求，纠纷另一方当事人的相关信息、联系方式等，介入纠纷解决。

其二，在线矛盾纠纷多元化解平台解决了在线资料流转问题。在平台建设之前，传统调解存在的痛点问题就是纠纷相关资料交换、流转及保管安全问题，以法院委托调解为例，法院对案件卷宗有着严格保管、审判信息保密的相关制度，曾经有过法院的书记员在案件审结归档时，发现一份重要的笔录缺失，溯源后怀疑是在诉调对接中心特邀调解员委托调解时丢失，双方争执不下，相互指责。现实中，诉讼卷宗交接时，不可能清点每一份书证，特别是卷宗材料尚未装订成册时，发现缺失，很难归责。

平台的出现，有效地解决了资料流转的问题，所有的资料被扫描，电子版在平台上流转，调解员可以查阅与纠纷解决必需的资料，法院不必担心卷宗材料丢失所产生的责任。同时，每一个纠纷解决环节所产生的相关的调解笔录、调解协议，无争议事实确认，都将以电子文档或音频、视频的形式保存在平台上，如若纠纷在前一阶段不能解决，前端纠纷解决的工作所形成的文件或记录，根据需要向后端推送，并归步归集，最后，纠纷终结的同时，电子卷宗已然同步生成，且自动编目，清楚有序。

由于采用人脸识别、指纹、密码、诉讼参与人在线确认指认身份等方式，在线参与纠纷，身份不容易伪造，再加上电子签名签章系统，当事人无法冒充，信息安全得到保障。

其三，在线矛盾纠纷多元化解平台解决了法律知识供给问题。调解应当建立在合法的基础上，即使当事人双方达成纠纷解决的合意，调解协议的内容也不能违反法律的强行性规定，不能损害第三人的合法权益。曾经有一调解员向我炫耀，说是用30

分钟时间调解成功了一起数千万元的民间借贷纠纷，双方已经签署了调解协议。我一看调解协议，问题多多，其中被告同意将名下数十套房屋以协议价值抵销债务，就是以房抵债。凭直觉这很可能是虚假调解，且不论民间借贷是否真实发生，在未查明债务人是否存在其他第三人债务的情况下，就简单以调解书确认以房抵债，则当事人持法院生效裁判文书，到不动产登记中心登记进行物权登记变更，可能存在以调解为名转移财产的通谋。调解员很不服气，之后事情的发展证明了我的预感。

调解员培训中，法律知识、裁判规则的学习固然重要，但如若调解员并不是法律科班，授之以“鱼”不如授之以“渔”，这里的“鱼”，指的是法律知识，“渔”指的是法律思维方式及方法论，明法理、懂法律的逻辑推理，比起掌握一些碎片式法律知识，重要得多。更何况，碎片式知识如若不能融会贯通，使用者存在认知偏差、性情偏执、立场偏颇等情形，可能将纠纷解决导向更糟糕的境地，不仅纠纷不能解决，还会衍生更深层、更复杂的纠纷。

平台以大数据及智能化方式，解决了向调解员精准、精确、精细、快速、低成本推送法律知识的问题。一般而言，委托调解的案件，多为法律关系相对简单的纠纷，部分纠纷当事人冲突严重、关系紧张、情绪对立，调解工作的重心，并不在于裁判是非，而在于缓解冲突、修复关系、重建信任，法律大数据为技术支撑的调解，调解员并不是一个人在战斗，平台为每一个调解员建立一个极为强大的“法律法规检索数据库”和“裁判案例库”，对大部分的纠纷所涉及的法律关系，进行知识梳理，并用思维导图，层层细分出每一种事实要素下的裁判规则，调解员只要输入要素，系统即可推送相关的法律依据，指导参阅案例、相关案例的裁判尺度、解决方案，作为调解员组织、主持调解的参考坐标。

浙江省在线矛盾纠纷多元化解平台的特色之一，是具有向调解员提供中立第三方评估报告的能力，调解员将纠纷所涉类型及相关要素录入系统后，很短时间内即可收到相关的评估报告。评估报告是人工智能加分析员梳理，人工智能的基础是中国裁判网公布的数千份生效裁判文书及每年数百万的即时更新量。算法模型根据案由及人民法院公布的裁判文书所确定的裁判规则及裁判尺度，要素输入后自动计算。复杂的案件，经有诉讼经验的律师在机器计算的基础上进行必要的人工调整。

平台还可以在调解员和法官之间建立联系。《人民调解法》规定，基层法院和人民法庭应当指导基层人民调解，这种指导，指的是法律业务方面的指导。探究立法本意，理由很简单，最了解裁判规则，最掌握立法变化及司法政策、裁判尺度变动的，最富有纠纷解决经验的，是法院和法官，故规定基层法院、人民法庭指导人民调解，理所当然，理应如此。问题在于，实践中，人民调解分散在基层村居，法官下社区，偶为之可以，天天奔波实在不现实。平台解决了这个难题，那就是“让数据光速走，让人类少跑腿”，调解员和法官之间，提问与回答可以同时进行，也可以异步错时，可以利用碎片化时间进行，可以一对一、一对多进行，可以讨论、群聊，可以文字、语音、视频。所节约的在途奔波时间，足以让法官更从容地对调解员进行精准的业务指导。

其四，在线矛盾纠纷多元化解平台解决了不同纠纷解决程序无缝对接的问题。《厦门经济特区多元化纠纷解决机制》于2015年发布施行后，立法者为不同纠纷解决途径间设计了通畅的程序衔接，愿景美好，立法具体施行中却碰到许多困难。比如人民调解与法院诉讼的衔接关键在于司法确认，即对调解协议中涉及给付内容的，若不能即时清结，当事人可在规定的期间内向人民法院申请司法确认。实践中，受理司法确认申请的法院，除对调解协议书所载内容进行合法性审查（是否存在违反法律法规强行性规定，是否损害国家利益、公共利益或第三人合法权益，是否有悖公序良俗等）外，一般还需通知当事人到庭，询问调解协议是否在当事人真实意思表示下签订，是否存在欺诈、胁迫、重大误解或显失公平诸情形，预防当事人通谋虚假调解等。实践中，这些工作必须面对面方能进行，即使是小额简单纠纷，也需让群众跑腿，所以许多当事人抱怨，既然最终都得跑法院，何不“一事不烦二主”，伊始就提起诉讼得了？

在线平台建立后，问题迎刃而解，当事人在达成调解协议后，即可在线上申请司法确认，法官通过在线轮值的方式，尽可能满足方便当事人。法官与当事人在线同步或异步沟通，完成司法确认程序中的真实、自愿、合法审查，司法确认书通过平台系统实现送达，当事人或不能自动履行义务，可在线立案申请强制执行。

同时，由于平台囊括了纠纷从缘起到终结的全过程，无论当事人采取何种纠纷解决模式，纠纷处于何环节，资料均可共享，使用权限由制度规定。除规定或不可引用（如审判仲裁程序中，当事人在前序调解程序中，为促进促成调解协议而作出的让步承诺或认可的事实，不得作为对其不利的证据，不利方当事人明确同意的除外）外，前序程序所取得或积累的成果，一般均可为后续程序所使用，以避免不同纠纷解决方式间的重复劳动。

许多法院在分调裁改革中，将后续审理审判的许多庭前辅助性工作，依照诉讼程序标准化，如在诉前调解阶段，由法官助理调解或法院委托、委派调解，引导当事人签订送达地址确认书，归纳无争议事实、整理争点，指导当事人围绕争点进行证据交换或辩论。如此引入庭审的规范，既可克服以往调解程式过于随意的通病，又可提高效率，也可帮助调解员发现事实，降低当事人预期，有利于促进调解，即使调解不成，也可为后续解纷程序减轻部分工作量。

厦门市翔安区人民法院将法官助理配置到诉前程序，指导调解员工作、组织当事人调解的同时，将部分庭前准备工作提前，调解不成，则一步到庭，快速进入庭审，实现了调解与诉讼的无缝衔接。

其五，在线矛盾纠纷多元化解平台实现了技术赋能、技术支撑和技术引领。

在线调解平台就是互联网技术、大数据、人工智能为多元化纠纷解决机制的技术赋能、技术支撑、技术引领。

其中，互联网技术解决了“让群众少跑腿、让数据网上走”，共享平台存在许多端口，政府、解纷主体、当事人，其他相关人员，不同主体均可通过电脑、手机移动终端进入平台系统，参加、参与纠纷解决。

人脸识别、指纹、用户账号密码等技术确保了身份验证的准确度、便捷性和安全性。

每个案件编配二维码，除了可以快速登录、识别检索案件外，还可以根据当事人、纠纷发生地、纠纷标的物之间的关联度，在不同案件间建立匹配联系。

智慧文书系统可以帮助当事人、调解员在系统提示下，录入当事人信息、法律要素后，自动生成起诉状、调解协议、申请书等各式标准化法律文书。

智慧问答即在系统提示下，输入问题，电脑人工智能回答，快速获取答案。

调解中，调解员可以通过平台所提供的知识系统，快速精准检索相关联的法律法规，指导性、参考性案例，获得法律知识的帮助，确定调解的基准坐标。

调解过程中，系统根据当事人的语音、语速、语气、喘息、脸部微表情识别等，进行当事人情绪判断，若发现当事人处于情绪异常状态，系统则提示调解员予以注意。

从管理者角度，海量的数据汇集在平台上，数据真实可靠，多维度、多节点、全方位反映纠纷解决的全过程，纠纷态势分析、风险点预警、防控措施应对、重点领域专项治理，均可通过大数据分析得以实现。

平台功能还在不断地拓展丰富中。

第三章

DI SAN ZHANG

调解的一般流程

第一节 争议确定阶段

调解一般分为下列十个阶段，即（一）调解准备；（二）调解开始；（三）双方的陈述；（四）确定共同点与分歧区域；（五）议题的确立及讨论或解决顺序，这前五个阶段为“争议确定阶段”。

后五个阶段为“争议解决阶段”，分别为：（六）谈判与决定；（七）个别会谈；（八）最终决议；（九）记录决议；（十）总结陈述及完结。这种划分法基本可以展示调解的一般性流程，我们也准备采用这种划分法展开论述。

一、准备阶段

（一）调解开始前的准备性工作

在开始阶段，调解员在接受调解请求或委托之后，应该对调解做一些准备性工作，如对手头已有资料的阅读，熟悉争议各方当事人的姓名、职业，争议的类型，应该通过何种方式联系等。如果调解只是由单方当事人启动或来自法院的委托、调解组织的案件分配，调解员应该通知各方当事人调解程序已经启动，并告知自己的联系方式，征询他们对第一次调解时间场所的建议和意见。

若调解员配备助理，则可由助理完成通知等辅助性事务，但调解员仍需通过材料的阅读熟悉案情，对纠纷的类型、当事人的诉求，有一个基本的了解。调解员可以做简要的阅卷摘录。调解员在承接多起纠纷调解时，可以备有小笔记本，好记性不如烂笔头，随时记录下调解过程中有价值的信息或调解员的思考。

当然，随着法律信息化技术的发展，调解员也可与时代共舞，用上互联网技术。目前，在线调解系统已经在使用中，借助系统，调解员可以在虚拟调解室中远程主持调解，也可以随时通过查询系统查询相关的法律和案例，或通过在线中立第三方的评估调整当事人对纠纷解决结果的期待值。总之，良好的开端是成功的一半，而成功是给有准备的人的。笔者曾成功调解过多起二审上诉案件，成功的心得就是做好调解前的准备工作，通过对卷宗的阅读，整理出争点。一般而言，数十分钟的阅读及摘录，纠纷的缘起、争点难点所在，已经了然于胸。所以步入调解室，一张口，当事人发现调解法官对案件了如指掌，信服感便油然而生，调解自然是“磨刀不误砍柴工”了。

（二）调解开始

《最高人民法院关于人民法院特邀调解的规定》（法释［2016］14 号）第 14 条规定，调解程序开始之前，特邀调解员应当告知双方当事人权利义务、调解规则、调解程序、调解协议效力、司法确认申请等事项。

1. 告知双方当事人权利义务、调解规则、调解程序、调解协议效力、司法确认申请等事项

笔者在法学院学习时期，曾旁听庭审。庭审开始阶段，书记员念法庭纪律，开庭后审判长就当事人诉讼权利义务又说了一大

通，笔者当时觉得标准化流程似乎浪费大伙时间，后被告知程序正义远甚实体正义，当事人诉讼权利若无程序保障，则正义之实现，无意义。当然，法律也不是僵化保守，简易程序中，一些繁文缛节也可以省却。

调解的目的在于解决纠纷，调解能否成功，最终在于能否说服显然处于冲突状态的两造当事人在纠纷的解决方案上达成共识，一起摆脱困局。所以，调解的程序规范化要求，自然不能与诉讼相比对。诉讼如做体操，一招一式，一板一眼，规定的程序动作，不能随意省略，否则就要扣分，甚至推倒重来；调解却不然，只要能促成纠纷解决，方法方式在于调解员工作心得。

当然，这并不意味着调解可以完全超越程序，不要章法。必要的规范，对于调解的促成，还是有好处的。譬如告知双方权利义务、调解规则、调解程序、如何申请司法确认，这不仅是保障当事人的知情权，也是从一开始就让当事人参与调解的进程推动。或者说，调解的程序，是由当事人和调解员共同缔造的，调解该如何进行，调解过程的始终，调解员应充分尊重当事人的程序选择权，也唯有尊重和保障当事人的自主权，才能让当事人感受到自己在纠纷解决过程中的主体性、主动性，于纠纷解决，不无助力。同时，充分保障当事人的知情权，特别是一些弱势当事人（专业知识欠缺、谈判力弱），可以避免当事人在信息不对称的情况下做出判断，而之后又以调解违背当事人意愿、对调解协议存在重大误解为由反悔，拒不履行或申请再审。

应该指出的是，为节约时间，调解开始时的说明并不一定要照本宣科，和尚念经般将范本照念一通，确实浪费时间，也分散当事人注意力，告知的内容可以打印成书面材料，交由当事人自主阅读（在一个基本普及九年义务教育的国度，成年公民的阅读已经不是问题），或择重要内容适当说明，或询问当事人是否存有不理解之内容，说明之。

2. 调解员应当向当事人简要介绍自己

虽然调解员名册管理中，调解员的个人信息和专业履历已经被公示，但当事人未必对调解员有充分的了解，简明扼要地向当事人介绍自己，对调解过程中信任关系的建立，还是有帮助的。若在介绍中语言幽默，还可缓和对抗，营建气氛。过度的自吹自擂、自抬身价、自我标榜，即使其目标在于表明自己的调解业绩或专业素养，不仅于调解无益，反而让当事人对调解员产生自夸轻浮的不良印象。总之，低调谦虚、轻松自信、专业、诚挚审慎，这些美德，都有助于向当事人展示调解员的品性和专业素养。

3. 回避事由的说明

自行回避和申请回避是诉讼中重要的程序事项，存在该回避而法官未回避的，系属重大程序瑕疵，可能导致案件发改或再审。调解虽属当事人最后决定，但调解员作为程序的推动者，因履职之便，可能获得超然的地位（如同时获知双方的机密和谈判底线），于纠纷解决还是有实质的影响的。调解员存在回避事由而未及时回避，则调解的中立性天平可能倾覆，故无论是调解的开始还是过程，若发现可能存在应当回避的事由，调解员最好选择回避，至于细节如何解决，本书将在后面的调解员职业伦理章节展开论述。

4. 保密原则的说明

保密是调解原则，也是调解的优势之一。调解员可以进行保密性说明，告知当事人在调解过程中的自认将不会在调解失败后的庭审中作为对己方不利的证据；非经调解各方同意，调解的过程及调解结果将不会向社会公开；调解各方在同意调解过程保密后，一方将秘密不恰当公开造成另一方当事人在名誉、商业秘密、隐私等方面权益受损的，将承担相应的法律责任等。

5. 无关人员的劝离

调解员在召集调解时，最好能与当事人直接接触，询问其意见，探询其真实意图。当然，特别授权的委托代理人或律师可以替代当事人出席调解会议，但若非当事人亲自出席，则应查验委托手续，查明其权限，避免委托人越权。需特别指出的是，并不是参加调解会议的委托人一定要具备特别授权，而是必须当事人亲自签名或特别授权有权签订和解调解协议的委托人在调解协议上签名，调解协议方能生效。但谈判的过程，一般授权的委托代理人、法定代理人、未经授权但经当事人同意的谈判参与人，均可参加调解。一般而言，对纠纷解决没有正能量的闲杂人员，最好建议或劝其离开调解室，特别在家事纠纷中，无关人员在场，站着说话腰不疼，反而可能影响当事人的理性判断，激化矛盾，升级纠纷。

在一起离婚案件的调解中，双方在未成年子女抚养权上争议不下，女方娘家来了一大帮子人，情绪激动，七嘴八舌，导致调解现场一片混乱。每个人都大声地说话，围绕的核心却不是纠纷解决，而是双方家庭一些鸡毛蒜皮的小事。一位女方亲属伸手试图打男方耳光，场面有失控的危险。于是，我当机立断，将那些好事的亲属请离调解室，只留下情绪温和的女方父亲。于是，调解在理性对话的基础上继续进行，并最终达成了纠纷解决协议。

——一位基层法官的调解经历叙述

从上面的事例可以看出，调解参与的人越多，不一定越有利于纠纷的解决。各执一词，众口难调，过多的参考意见可能使当事人越发无所适从。

当然，也不是所有与案件无直接关系的人员均应劝离。劝离的标准，是以是否有益于纠纷解决为衡量，比如离婚纠纷中，调解员感觉到女方闺蜜很有主见且理性，同时对女方决定起到重大影响作用，调解员即可拍板让其参加到调解协商中，甚至在一些重大问题上，可以通过个面交谈，表达调解员的意愿，说服关键局外人，再由其说服“局内迷惘人”，更具实效。

另外，在一些调解协商中，也可以适当吸收社区工作者、当事人单位领导参与调解，评判标准仍是有利于纠纷解决。局外人参与调解，并不以当事人同意为前提，但若当事人明显表现出排斥心理，则仍应尊重其意见。

在家事纠纷中，确定并吸收一些有益于纠纷解决的人参与调解，是调解能否成功的关键。在中国乡村的家事纠纷中，许多地方或请“舅公”主持，或请当地宗亲尊长参与，他们的意见，对纠纷解决，往往起到举足轻重的作用。

6. 两个需要注意的细节

（1）确定调解过程中的称谓。这一点似乎是无关紧要的细节，但细节决定调解的成败。在对当事人称谓上，应尽量采取日常化的称呼，但应避免称呼“官衔”（如张局长、李处长），可称呼职业（如张老师、李工程师），或根据当地的称谓习惯，不失尊重也不应让第三方误以为套近乎或抬升一方当事人。实在不好把握时，可在公共会谈时征求当事人的意见，如医患纠纷中，可以以“患方”或“医院方”作为称谓。

（2）要求参与者关掉手机或使其处于静音状态。智能手机时代，人们的时间和注意力往往被手机绑架。碎片化的，不仅是时间，同时还有注意力。聚餐时，稍有时间，人们就会低头刷手机却不和对面的人交谈。笔者曾接待一来访者，放下案头工作与其聊，30 分钟内，其回答了三个电话，回复若干短信、微信，几次话头均被电话打断，最后一次电话，起身匆匆离去，交流终成无效，却已耗费笔者近半小时时间。

故调解的开始，必须要求参与者关掉手机，至少让手机处于静音状态，因为调解如协商、如谈判，双方的事实陈述、沟通、博弈都需要冷静与连续的思维。手机等外部信息的强行介入，大大降低了沟通的效果，使得谈判中的参与者分神、分心，因为当前手机虽然带来便捷，但手机所传送的或是上司布置某个限期完成的指令或是催促提醒付款期限已届，诸如此类的坏消息或者是正常消息都可能影响人的心情，令人焦躁。若两造当事人在调解过程中，都受此类外部消息的情绪骚扰，则对纠纷解决毫无益处。此外，突然介入的其他信息会影响当事人的连续思维，不必要的中断可能将纠纷各方推向焦虑或更加对峙的状态。所以，尽可能地切断调解过程中外界对调解的杂音干扰，保证调解过程的清静，是非常必要的。当然，调解过程中当事人通过手机向调解会议之外的主事者汇报，取得授权，或向第三方征求意见，辅助决断，都是允许的。在许多调解室中都设有座机电话，但一般当事人较少使用，他们似乎更乐意溜到不远处偏僻安静的场所通过手机对话，每逢此时，笔者均会安静、微笑地等待，因为往往是好消息，至少是不太坏的消息。

二、各方的陈述

调解必须在查明事实的基础上进行，各方的陈述如同庭审中的法庭调查，可以通过陈述，复原纠纷产生的过程，整理双方的争议点，发现影响纠纷解决的分歧点等。双方陈述是调解的必经阶段。

在法庭上，审判长是绝对的庭审驾驭者，由法律赋予指挥庭审、维系庭审秩序的权力。旁听人员需要遵守法庭规则，对妨害法庭秩序的，可以予以训诫、责令退出法庭或者予以罚款、拘留，情节严重的，可依法追究其刑事责任。

调解的过程相对宽松，但这并不意味着调解会议的参与人可以随心所欲。调解的开始，调解员向当事人展示的，除了热心、耐心和努力促成调解的决心外，也应该适当展示“柔中之刚”。应该明确的是，调解员并不代表公权，其主持调解权力的来源更多的是当事人的同意，但这并不意味着调解员受雇于当事人，哪怕是收费调解。所以，无规矩不成方圆，在调解开始规则介绍时，调解员应确定发言的顺序，对于在一方发言时随意、不礼貌地打断、插话、反驳的对方，调解员应断然而明确地警示。聆听不仅是一种修养，是一种礼貌，也是让双方充分表达的沟通方式。在一般情况下，当事人会马上接受，辩解只是不同意对方对某个事实的陈述，这时，调解员可以安慰他："没问题，稍候你也会有同样的发言机会，对方也会安静地聆听你说些什么，当然，在这一点上，显然你们的认知存在分歧，我已经记录下来了，稍后我们可以针对这点进行沟通。"

双方陈述可以借鉴法庭审理的发言顺序，对方在经调解员同意后可以插话，也可以相互补充后进行简单的辩论，但调解员应尽量控制双方在这个阶段对实体问题进行深入辩论，应引导双方用简练的语言叙述纠纷的过程、提出自己的诉求或辩解，也可以提出纠纷解决的建议性方案。

一般掌握的规则是：给予双方同等的发言时间限制，避免当事人感觉被排挤或疏离；对于重复陈述，要坚决打断；对于逻辑思维较混乱的陈述者，调解员可用自己的语言总结后让其确认，比如：

调解员：我听了你的意见，是不是可以总结为下面几点？

对方确认后转入下一阶段。

对于双方陈述，调解员应该掌握以下几个原则：

定律一：每个人都站在自己立场上做自我合理化的叙事。

相应对策：屁股决定脑袋，每个人都是自己利益最坚定的捍卫者，如果人人都学会换位思考，多为他人着想的话，社会纠纷也就没那么多了。因此，无论当事人的叙事多么荒谬，多么不符合逻辑，调解员都不应在这一阶段进行价值评判，连谎言都不要去戳破。

定律二：每一种叙事模式后面都有其自我表达与利益需求。

人是利益的产物。叙事只是一种语言表达，最重要的是其后面的表达，除非深不可测的谈判高手，所有的叙事者都会在陈述的过程中流露出情感，而调解员可以通过对细节的捕捉，发现当事人真正的需求和利益所在。

双方陈述是调解的重要阶段，双方通过陈述了解对方的想法、诉求。愤怒或冲突的起源，一些情况下在于当事人双方未能做基本的沟通，或未能明确表达观点，信息不对称再加上情绪所带来的沟通障碍，导致冲突愈演愈烈。陈述让当事人互相了解，同时也让调解员了解纠纷的缘起、当事人诉求。

在诉讼中，法庭会对争议的基础事实进行调查，要求当事人举证，并在法庭上组织当事人质证、认证，确定事实。在调解中，虽不要求当事人进行证据交换，但要求当事人在陈述时提供必要的证据，也可以将证据交由另一方当事人审核，证据交换在发现事实时有助于促成调解。当然，调解员必须留个心眼，笔者曾经听过一个事例：调解过程中，债权人出示借条，调解员看过，债务人表示借条可能是伪造的，要求核验，调解员将借条递给债务人，债务人拿过后迅速撕碎吞到嘴中。调解不能成功，债权人到法院起诉，却已经失去证据原件，无法胜诉。此类极端事件，笔者虽没有亲历，但中国民间纠纷特别是涉及金钱之纠纷，无奇不有，调解员应多留心眼。

三、共同点与分歧点的确定

经过双方陈述和初步沟通后，纠纷的轮廓基本可以被勾勒和描述出来。有经验的调解员会发现，不是所有的纠纷在每一个事实基本点或利益上都是完全冲突的，而是可以区分出共同点和分歧区域。

笔者在德国考察调解时，发现每个调解室中都有一块白板，如同老师授课。介绍者说，调解员在主持调解时，会在白板的纸上列出当事人对纠纷认知的共同点，同时列出分歧点，并针对分歧点进行调解，慢慢拉近双方的距离，最后解决分歧。

可以说，并不是所有的纠纷都势不两立。纠纷之所以发生，除突发性或偶发性外，当事人间一般有过合作、协同、相邻的密切关系，即使在纠纷发生后，当事人间仍然存在许多共同点。

[**案例**3.1.1] 甲公司是乙公司原材料供应商，在某一笔货物的交易中，乙公司未按期付款，其理由是该货物的质量存在问题。甲公司则认为货物质量没问题，是乙公司在资金链紧张无法及时付款而托词质量问题。

在这起纠纷中，双方的共同点是在乙公司商业信用尚未完全破产之前，甲公司并不希望双方的伙伴关系完全破裂，而乙公司的困境如果真如甲公司所描述，其肯定不希望这个有损其商誉的消息在商业伙伴中流传，影响公司商誉。

[**案例**3.1.2] 某甲与某乙因住宅的采光发生相邻权纠纷。

在相邻权纠纷中，争议各方都处于困境中：无论如何不喜欢邻居，都必须学会和他相处，因为无法把他连同他的房子从地球上抹去，当然也可以“三十六计走为上计”换个房子，如果承受得起这个成本的话。

[**案例** 3.1.3] 某甲与某乙离婚，一子8岁，双方为房子的归属争执不下。

反目相向的夫妻可能比仇人还眼红。但是有孩子的话，孩子就是双方唯一放弃或割舍不下的联结点。

所有的调解案件最起码有一个也是最重要的一个共同点：纠纷各方都希望或不反对通过调解促成纠纷解决。

四、议题确立及讨论、解决顺序

通过双方陈述，纠纷相关事实基本可以明确，通过确定共同点，我们可以确定纠纷的争议点、分歧点，从而确定纠纷解决的议题及排序。

在案例3.1.1中，甲公司的诉求是要求乙公司支付拖欠货款及迟延履行违约金，乙公司则主张货物质量存在问题，要求降价。

在审判中，法官庭审必须查明的是双方合同是否有效，甲公司是否已经按合同约定履行了交付义务，货物是否存在质量问题，乙公司是否在法定或合同约定期限内提出质量问题异议等（由乙公司承担举证义务），甚至需要委托鉴定机构对货物质量出具鉴定结论。

但在调解过程中，调解员却可以发挥发散式思维拓展纠纷解决的思路。在个别面谈中，调解员与甲公司谈判代表交谈：

调解员：你所说的乙公司迟延付款是因为资金链困难的问题是否真实？

甲公司谈判代表：当然是真的，乙公司的员工告诉我们，在那个月，他们公司员工的工资都推迟了半个月才发放。

调解员：最近他们的资金情况如何？

甲公司谈判代表：已经好多了，银行给他们一笔1000万元的贷款，销售端的一些货款也已经回流。

调解员：那他们为什么还拒绝向你们付款？

甲公司谈判代表：我们咽不下这口气，向他们主张除支付货款外，还要求他们承担合同中约定的10%的违约金，大约10万元。他们不同意，纠纷就发生了。

之后，调解员与乙公司谈判代表交谈。

调解员：那批原材料你们不是已经用在生产上了吗？怎么会存在质量问题？

乙公司谈判代表：那批原材料确实存在质量问题，但也不是不能用，只是我们在使用前不得不多了一道清理的程序，清除掉杂质，增加了成本。

调解员：那也就是说，如果扣除合理的清理费用后，你们同意向甲公司支付合同约定的货款。

乙公司谈判代表：是的，我们并不想赖账，但我们没有违约，所以要求我们支付违约金是不可能的。

调解员：你认为清理的费用多少是合理的？

乙公司谈判代表：我们认为在合同约定的货物价款中减去10%是合理的。

通过这种交谈，调解员可以确认双方共同点是：

甲公司的要求是支付货款及要求合同约定的10%的违约金；乙公司同意支付货款，但要求扣除10%作为杂质清理费用，不同意支付违约金。

可以说，双方在90%的货款上已经达成共识，分歧点在10%的清理费用及违约金。那么，纠纷的议题可以被缩小到“如何解决清理费用及违约金的问题”。具体的方法论我们在下一节中将继续展开论述。

思考题

1. 拿一张纸，写下一名调解员在调解的准备阶段该完成的事项。

2. （学员互考）四人一组，从《人民法院案例选》中随机抽取一些案例，以调解员的视角列出该案的争议焦点，并梳理出自己调解的思路；另外三名学员给一人打分，取平均分作为该题分值；由分值最高者扮演调解员角色，另二人各扮当事人双方进行调解模拟，一人担任观察员角色并写下中立观察报告。

第二节　公共会谈与个别面谈

在谈判过程中，公共会谈（俗称“面对面”）与个别面谈（俗称“背对背”）都十分重要，都有着其独特的功能。

一、公共会谈的功能

人类社会各种活动中，纠纷之所以产生，利益的冲突是根本原因，而因信息不充分、不对称而造成的误解也是纠纷产生的重要原因之一。

第一次公共会谈可以实现以下几个目的：让当事人有机会当面听听对手对于纠纷解决的看法；发现新的分歧或探究影响纠纷解决的障碍所在。

一般来说，在第一次公共会谈中，纠纷双方所表现出来的姿态要比个别会谈强硬得多，因为谁都不想在第一次见面时就露出自己的底线，或因气场太弱而处于下风，因此调解员一般不要指望在第一回合就能将双方拢在一起促成纠纷解决。在第一次公共会谈中，除开场白部分，调解员应该做的事情是：

1. 让双方充分陈述对纠纷的看法，一方陈述诉讼请求；

2. 发现争议点、分歧点，包括事实方面、法律方面、认知层面；

3. 列出问题讨论的议程表，通过争点的逐一解决或分歧消弥，缩短双方谈判的距离。

公共会谈贯穿于调解的全过程，调解员可以根据需要决定公共会谈举行的次数和时间，因需进行，不拘泥。

二、个别面谈的目的

个别面谈也叫私密性会谈，即调解员与纠纷双方通过个别交流，发现纠纷解决的契机、分歧的所在。

个别面谈之所以重要，是因为在公共会谈中，纠纷各方出于谈判技巧的考虑，不愿意在对手面前示弱或露出底牌，而在与调解员的私下交流中，真实想法的流露程度会更高一些。

个别面谈的保密性受到调解员职业伦理的约束，也就是说，调解员在个别会谈中所获得的信息，未经披露方允许，是不得告知另一方的。或者说，纠纷当事人之所以可以信赖调解员，是因为他们知道，调解员不会随便将他们谈话的内容随意告诉对方，除非得到自己的允诺。

比如在案例 3.1.1 中所提到的，甲公司的谈判代表表示，考虑到双方长期良好的合作关系，在乙公司按合同付款的情况下，可以放弃支付迟延履行违约金的要求。

调解员：我可以将你们这个决定告诉乙公司吗？

甲公司谈判代表：不，我们不希望乙公司认为我们急于解决纠纷而作出让步。我只希望您能够将调解的结果朝这一方向推进。

调解员：哦，我明白了。

接下来，调解员与乙公司的谈判代表进行了个别面谈。

调解员：我认为，纠纷的解决对你们双方都是有益的。当然，调解是否能成功，取决于你们双方是否能达成共识，而共识在于双方基于谅解基础上的利益让步，你们是否认同这个观点？

乙公司谈判代表：我们并不想否认履行义务的存在，也不想赖账，我们承认在合同履行的过程中，公司在财务上存在暂时的困难，为此，我们曾经主动与甲公司联系，请求看在长期商业合作伙伴的分上，允许我们暂缓付款，缓口气渡过难关，谁都有不方便的时候，不是吗？可他们不仅断然拒绝，还在行业中散布我们公司即将破产的消息，造成我们更大的困难。当然，我们不能支付违约金，最重要的原因是那批原材料杂质确实非常多，以至于在投入生产前，我们不得不花更多的人力物力进行清洗，增加了费用，这也是事实，无论于情理还是法理，甲公司必须承担这部分费用，这不是情绪控制问题，而是事关公平问题，也是在商言商的问题。

调解员：你们的意见我可以转告甲公司吗？

乙公司谈判代表：可以，同时你也可以告诉他们，我公司的态度非常坚决，没有任何退让的余地。

在个别会谈中，调解员的角色有些类似“外交特使”，他将乙公司的态度告诉了甲公司的谈判代表，他发现，甲公司谈判代表变得沉默起来。

调解员：乙公司在资金困难时曾经向你们请求稍迟延些时候付款，这事是真的吗？

甲公司谈判代表：是真的，但公司管理层在讨论后认为，同意的风险太大了，万一乙公司撑不过这次财务危机，唯一的结局只有破产，届时我们的货款将可能血本无归，为了管控风险，公司领导层决定拒绝他们的请求。

调解员：即便如此，那也不该在行业中散布对乙公司不利的言论，雪上加霜，这样做有违商业道德啊！

甲公司谈判代表：那是业务员丁的个人行为，他在一次行业聚会中将这个消息说了出来，或许是嘴快，可能是想给乙公司施加一些压力促其还款，没想到适得其反，不仅钱要不回来，反而得罪了商业伙伴。事情发生后，我们也深感其对事情的处理失当，辞退了他。

调解员：雇员与工作有关的行为，产生的后果是由公司来承担的，你们想必明白法律的相关规定。

甲公司谈判代表：我们之后咨询过公司法律顾问，他告诉我们是这样子的。

调解员：你们与乙公司有多少年的合作关系？

甲公司谈判代表：我们是长期客户，已经合作五年多了。

调解员：乙公司的原材料需求量大么？

甲公司谈判代表：他们是行业中的老大，外销市场很好，还有很大的拓展空间，上次的资金链紧张主要是受国际金融危机影响，咬牙撑过去，也就活过来了。

调解员：我是不是可以作这样的理解，从你们公司现实利益出发，继续与乙公司的商业合作关系比要求违约金重要得多。

甲公司谈判代表：那是当然，可是可能吗？这一次，确实把他们伤害得有些过了。

调解员：那么，产品质量问题呢？乙公司坚持认为这批原材料存在杂质，由于材料清洗而增加了费用，你们是否愿意承担这笔费用或降低产品单价？

甲公司谈判代表：如果费用合理的话，我们可以向公司请示，适当负担。

三、如何缩小双方的距离

调解员在个别面谈中成功地做到了下面几点：他发现乙公司的怒火在于甲公司在商业伙伴处于困境时，不仅没有施以援手，反而在行业中散布恐慌性消息，加剧了乙公司的困境；他发现甲公司对修复与乙公司商业伙伴的渴求远超过于对违约金的追求，且承认所提供的原材料存在问题，愿意承担一定的清洗费用。

这时候，是将纠纷解决的主动权交还给当事人本身的时候了，于是，调解员适时地安排了一次公共会议。

在会议的开始，调解员建议甲公司代表就其业务员的不当言论向乙公司做出说明。

甲公司谈判代表：我们的业务员丁在行业聚会中的一些言论不太合适，给正处困境中的贵公司雪上加霜，真是不应该啊！之后，我们也辞退了他。

乙公司谈判代表：难道这一切都是丁个人的责任吗？这跟现在社会上一些部门出了事就将责任推到临时工身上有什么区别呢？

甲公司谈判代表：现在回想起来，公司也是有一定责任的，要不是部门主管一直催促丁要讨回这笔货款，他也不会出此下策。

乙公司谈判代表：我们与贵公司合作已经多年，在我们困难的时候，就算不想出手相助，也不应该如此落井下石啊！真是令人寒心啊！

甲公司谈判代表沉默不语。此时，调解员适当介入。

调解员：这样吧，有些纠纷的发生确实出于误解，事情已经过去，大家应该放眼未来而不是纠结过去。这起纠纷对于你们双方都是一个心结，绕不过去双方都无法继续商业合作。建议你们能达成调解的方案。

乙公司谈判代表：我们的态度始终非常明确。

调解员：我是否可以做这样的理解，在调解达成之后，双方的商业伙伴关系可以继续？

乙公司谈判代表：我们对原材料采购渠道是公开询价、公平竞争的。当然，前提条件是甲公司必须以合理价格提供合格的原材料。

甲公司谈判代表：我可以向公司决策层请示一下吗？

调解员：可以。

［**点评**］在谈判过程中，是否作出实体让步或接受对方条件，谈判方有时需要向上级或向委托人请示（也有可能是托词，即让步早已在谈判代表的授权范围内，但其不愿意表现出轻易作出让步），所以在调解室设置时，应考虑让其到另外的保密的场合中与上级或委托人进行电话沟通。而在调解室内，调解员可以与另一方聊一些轻松的话题，以放松气氛。

十分钟后，甲公司谈判代表进入调解室，高兴地说，公司领导同意放弃违约金主张。关于原材料清洗费用方面，可以承担一半。

但乙公司谈判代表仍坚持甲公司必须承担所有的清洗费用。甲公司谈判代表表示，这已经是公司最后的底线了，再退一步，不仅公司领导不会同意，自己在公司也将无容身之处了。

谈判似乎在最后一公里处陷入了僵局。

四、最后一公里

[**点评**] 在调解过程中，最后一公里有时也是最困难的部分。“为山九仞，功亏一篑”，但这也是最考验调解员功力的时刻，放弃或超越，即为高手段位区别所在。

行百里而半九十。在这个案件调解中，在最后的阶段，在清洗费用的一半由谁承担这一问题上，双方陷入僵局且都表示没有退让的可能。双方都咬得很紧，并以放弃调解为威胁，如何破解？

在这最后的差距上，谁最有可能作出让步呢？甲公司放弃违约金主张，同意承担一半的清洗费用，应该说已经作出了巨大的让步，其目的是挽回与乙公司的商业伙伴关系，但是，如果要其承担全部的清洗费用，等于在这次调解中全面落败，不仅公司的领导要面子，甲公司的谈判代表也会觉得如果调解结果与判决差不多的话，还不如让法院去判决呢。要其继续让步的可能性较小。综合评估之后，调解员将说服的对象确定为乙公司。

于是，调解员与乙公司谈判代表进行个别面谈。

调解员：大家都作出了相当大的努力，好不容易才进展到这一步，如果调解就此失败，那真是太可惜了。

乙公司谈判代表：那也是没有办法的事，我们公司不可能让步。

调解员：是否方便问一下，在和甲公司闹矛盾期间，你们公司所需的原材料都从哪里进？

乙公司谈判代表：我们从K公司进。

调解员：据我所知，那是一家位于A市的公司，距离我们市有300公里远，比起位于本市的甲公司，恐怕要增加不少运输成本吧？

［**点评**］调解员所了解的信息，是在与甲公司谈判代表私下会谈时掌握的，在不侵犯商业秘密或个人隐私的情况下，调解员可根据情况作为“药引”使用。

药引起了作用，乙公司谈判代表的犹豫之色传递了其内心的动摇，调解员趁热打铁。

调解员：其实我们应该看到，你们两家公司如果恢复以往的商业合作关系的话，对双方都是有益的。

乙公司谈判代表：我们承认这一点。但甲公司损害过我们公司商誉，必须付出代价。

调解员：通过公共会议，你们也了解到损害商誉的是丁个人行为，你们可以考虑起诉丁。

乙公司谈判代表：实不相瞒，关于这一点，我们也向公司法律顾问作过咨询，他告诉我们，起诉要获得法院判决支持很困难。一是我们须证明丁在撒谎，二则必须证明丁有恶意，诉讼旷日持久，而且坊间也会各自解读，于公司发展大计无益有害，所以我们不打算起诉。

调解员：但与甲公司的关系继续僵化下去也不是办法啊！我也经过法律的系统训练，我们来预测一下这起纠纷如果交由法官判决的话，一般情况下，法官的判决会是：货款必须交付，而贵公司迟延付款也是事实，违约金可能会得到法院判决支持。而你们所提出的产品质量问题，由于没有在合同规定的合理期限内提出异议，也未保存证据，现在再提出主张，恐怕法院也未必会判决支持，还有诉讼费负担，我毛估了一下，也已经超过你们主张的清洗费了。

[**点评**] 在许多国家的调解制度中，调解员对纠纷的解决可以根据自己的经验作出中立第三方评估，即“这个案件如果判决会怎么样”，供纠纷各方参考，也可以建议纠纷各方请自己信得过的专业人士进行模拟评估。调解员可以作出预测，但必须事先声明“纯属个人观点”。同时调解员也可以提供法院类似案件的判决结果，供纠纷各方参考。

在中国，如果调解由经办法官主持的话，则应谨言慎行，应禁止对判决结果进行预测或假设，避免有“以判压调”的嫌疑。

调解员：再加上判决生效后迟延履行期间的双倍利息，还有诉讼费的承担，这是一笔不小的费用，贵公司是否进行过诉讼结果预测或成本评估呢？

乙公司谈判代表：您说的确实有道理。这样，我将您的意思向上级汇报一下，请求同意。

十分钟后，好消息传来，乙公司领导同意了调解方案。

［**点评**］当事人纠结于锱铢之利时，往往忽视其他利益的计算，旁观者清的调解员，指出其中的利害关系，往往能起到当头棒喝的作用。

模拟调解

从《人民法院案例选》中随机挑选若干民商事案件，由学员分组模拟调解，学员轮流担任调解员角色主持公共会谈部分。设立观察员角色，小组模拟结束后，由观察员向全班学员及讲师进行简报，讲师进行点评。

第三节　如何打破僵局

在上一节中，我们以一个案例诠释了调解员如何通过“个别会面”解决了最后一公里的问题。但在实践中，调解的僵局随时都会出现。

在谈判过程中，谈判一方经常会这样表示：实在不行了，这是我们最后的底线了，我们确实无法再作出让步了。如同我们在与摊贩的讨价还价中，兜售者信誓旦旦地说这已经是亏本价，无法再低了，但当你作势要走时，他马上又提出一个更低的价格。因此，调解员就像一个还价专家一样，向两边施压，迫使他们不断地让步。当然，调解员并不是为自己谋利，而是通过讨价还价让双方的诉求不断接近，从而促成调解。

谈判陷入僵局，双方互不相让是调解过程中的常态。这时，调解员可以采取下面几种策略。

一、采用迂回的调解策略

（一）搁置争议

如果在谈判清单上，双方需要解决的问题有好几个，那么，暂时跳过僵持不下的问题或许是一种明智的选择，从别的问题开始，曲线迂回或周边突破的可能性都是可能的。

比如夫妻 A、B 离婚，对房屋产权归属产生了争议，双方都想要分得位于老市区的房子，调解员多次调解，双方僵持不肯让步。

于是，调解员采用了搁置战术，他建议双方先解决孩子监护权归属的问题。在征求孩子意见时，孩子表示愿意和母亲一起生活。听到孩子的意见，父亲沉默许久，后同意尊重孩子的意见。

这时，争议焦点重新回到房屋所有权归属上。

调解员提出，孩子目前正在房屋所在附近的小学读书，这所小学是大家都想进的重点小学，该房屋处于小学的招生片区，如果房屋归父亲，则意味着孩子可能得随母亲居住环境的变化而转学，不利于孩子的成长。调解员提出一个解决方案，将房屋过户到孩子名下，而行使孩子监护权的一方，则有权与孩子一同居住。双方都同意了这一解决方案。

（二）创设游戏规则

同样是夫妻双方离婚，但只有一套房子，双方都要房子，怎么办？一种方案是对房子进行价格评估，按评估价格取得房子的一方对另外一方进行补偿，但这种方法显然要耗费时间和金钱。于是，调解员提出了另一个解决方案，即由争议双方进行竞价，叫价高的一方取得房子，同时支付给对方一半的补偿款。

有人认为在这种方式中经济基础较弱的一方会吃亏，其实不然。这种方案如同“分蛋糕者后拿蛋糕”规则，如果分蛋糕者将蛋糕切成一大一小，大的肯定先被对方拿走，他最理性的选择只能是将蛋糕切得一样大。同理，对房屋进行竞价，也能达到双方最优原则，因为叫价越高，另一方获得的补偿款就越多。

二、通过调查了解背后的原因

（一）非利益情感因素的影响

纠纷大部分因利益而起，一般而言，左右或影响当事人决策走向的，是当事人的经济理性，即趋利避害的本能。但许多纠纷中，情感因素被隐藏在利益诉求之前，左右着当事人的判断和决定，调解员应通过观察、交流及时发现这些被隐藏的信息，调整调解策略。

在一起离婚案件中，夫妻名下有两套住宅，两人却争着要结婚时的第一套房子，调解员发现，第一套房子虽然位于老城区，但面积小，结构旧式，市场交易价格远比不上后来购置的第二套房子。究竟何原因，导致双方决意争夺价值较小的房产呢？不合理的选择背后肯定有一个合理的解释或动因。

于是，调解员宣布暂停调解，通过私密会谈与双方进行单独沟通。

丈夫坚持要第一套房子的原因是其父母都住在老市区，且经常生病需要人照顾，所以选择要第一套房子。

而妻子说：那套房子是他们的婚房，虽然今天走到离婚这步，但想到如果丈夫今后再婚，另外一个女人睡在她的婚床上，感觉怪不舒服的。

调解员发现的真相是：妻子于选项上并不是绝对不能放弃第一套房子，只是碍于情感无法接受另一位女人取代自己在老宅中地位的想象，调解员提出的建议性解决方案是：丈夫取得第一套住宅的所有权，但室内家具则由妻子随意选择。最后妻子拿走了婚床和梳妆台。

（二）第三方因素

对于调解员而言，坐在你面前的纠纷双方当事人，未必是能真正做出最后决定的人。许多人的最终决定很容易受到第三方意志或外来意见的影响，有人将这些能掌握当事人决定的外部力量称为“影子当事人”、“垂帘者”或“非主体意志”，比如下面这个例子：

年轻夫妻 A、B 要求离婚。双方都坚持获得孩子的监护权，没有商量的余地，调解员经评估后认为，孩子正处于哺乳期，于常理当归母亲照顾，丈夫也同意调解员的意见，但始终不肯放弃监护权。调解员觉得事有蹊跷，旁敲侧击后丈夫终于吐露这是其母亲的意见与坚持，原因是在一次争吵中妻子曾经扬言要让孩子改随母姓，婆婆担心孙子随媳妇生活后被改随外姓，就下“懿旨”命令儿子“婚可离，但监护权不可放弃”，男方是个孝子，同时也担心孩子真的改随母姓，自己在亲戚朋友中难堪，所以坚持不肯放弃监护权主张。

调解员马上明白这位婆婆是真正的“幕后决策者”，调解能否成功取决于她而不是坐在调解室中的当事人。于是，调解员建议男方将其母亲带至调解室，在私下交流中，调解员告诉这位母亲，她的顾虑可以通过双方在调解协议中增加一个“女方保证在离婚后不会擅自改变孩子的姓氏，若女方违反该协议，则男方有权向法院起诉请求变更抚养权”的条款来解决。存在顾虑解决，这位婆婆经说服同意接受。

三、换位思考

（一）鼓励当事人换位思考

在双方互不相让时，可以鼓励双方当事人站在对方的角度换位思考。比如案例 3.1.1 中所提到的，甲公司一直强调乙公司的迟延付款已经构成了违约。

调解员： 迟延付款是事实，但乙公司的迟延付款也不是故意的，而是资金链出现了暂时的困难。如果这事出现在你们公司的话，你们会怎么处理？如果一个长期的商业伙伴不仅不对你们施以援手，还任由业务员在业内散布一些“乙公司怕是撑不住了”的话，恐怕你也会觉得心寒的吧。

（二）设计方案将双方利益捆绑

从表面上，纠纷双方当事人的利益似乎是对立的，但也不尽然。在僵局中，当事人的利益往往是一体的，双方的协作可能是突破僵局获得重生的唯一机会，调解员应向当事人揭示这一点，鼓励当事人通过协作突破僵局。

乙公司：你也知道，我们公司目前流动资金存在困难，要我们在一个月内付清全部款项是不可能的。

调解员：那你觉得多长时间合适呢？

乙公司：三个月比较有把握。

甲公司：我们对你们的一再食言失信，已经无法再容忍了，这次无论如何不能答应。

乙公司：我们也实在是没有办法了，即使你们起诉到法院，厂里除了积压的一批瓷杯外，也没有什么东西可供查封。再说，生产一停，我们更没能力还款，恐怕只能宣布破产了，你们能拿到的，恐怕更少了。

双方陷入了僵局，调解员只好宣布暂停调解，与甲公司谈判代表进行交流。

调解员：据我了解，乙公司说的是实情。如果企业宣告破产，债权人那么多，普通债权的清偿率是很低的，更别说乙公司这种劳动密集型企业，工人工资等优先债权下来，无担保的普通债权恐怕分不到多少钱了。俗话说：助人自助。如果你们能帮助乙公司渡过这一难关的话，也等于帮助你们自己。

甲公司：我们有一支强有力的营销队伍和一个长期合作的销售网络，可以帮助乙公司找出产品滞销的原因，但有一个条件，我们帮助销售的产品，货款必须打到我们账户，优先偿还我们的欠款。

之后，甲公司的销售团队帮助乙公司拟订了一系列的营销方案，除将滞销产品售出外，还开发了一系列新的产品，双方形成了新的协作关系，乙公司也迎来新的生机。

四、调解的增量

我们反复说过，诉讼与调解的区别在于，在诉讼中，当事人要求什么，法官就审什么判什么，或驳回或支持，即使支持的话，也不得超过当事人的诉讼请求。曾经有这样一个案件，在一起合同纠纷中，当事人并未提出违约金要求，法官审理后认为被告行为已构成违约，且双方合同中有违约金条款，就判决违约金给付。这起案件被二审发回重审，因为法官违反了当事人意思自治原则，也就是说，在诉讼中，法官不得超越当事人的诉讼请求进行裁判，当事人没说要的，你多给了，也是错的。

但在调解中，调解员则不必太受拘于当事人最早的诉求，可以经当事人同意，将其他人拉入调解中。

（一）提供担保增加信用

L公司：我们不是信不过K公司，但他们已经多次违约，再加上他们公司的经营状况，我们觉得，即使调解协议签订，也可能无法实现，还不如等法院判决，把作为抵押物的机器拍卖变现，更有保障些。

调解员：K公司虽然遇到一些困难，但是M公司准备以股权收购的方式入主K公司，扩大生产。如果将机器拍卖，收购计划可能落空，机器拍卖所得的价款也不一定能保证你们债权的实现。

L公司：如果M公司对K公司的债务提供保证担保的话，我们同意接受调解协议。

（二）增量方案的提出

调解的最大优势，在于其不受当事人诉求的拘束，只要当事人双方同意，调解员与纠纷各方都可以自由地设计增量方案，从而打破调解僵局。

这一方面笔者将在之后第六章第三节“一次美式调解培训的启示”及第七章第一节“厦门博饼第一案的调解思路解析”中展开具体论述。

第四节　调解协议如何起草

一、调解协议的基本要求

调解协议不仅是调解员辛苦劳动的最后结晶，也是终结争议的书面证明。调解协议同时也是当事人各方协商而成的结果，是纠纷解决方案的书面载体，其条款设计的科学性、措辞表达的严谨性，将对协议是否顺利履行产生重要影响。因此，调解协议起草的基本要求是：合法、明确及有可履行性。

合法。调解协议的内容必须“不违反法律、行政法规禁止性规定，不违反公序良俗，不损害国家、集体、第三人的合法权益”。

明确。调解协议的内容用词必须明确，应避免使用容易引起歧义的词语。

［案例 3.4.1］ 李某起诉张某拖欠货款，起诉时李某向法庭提交一张由张某签名的 10 万元欠条，张某提交了一张李某写的收条，上书“张某还欠款 2 万元”，说自己已经归还李某 8 万元，只欠李某 2 万元。李某急呼冤枉，说是张某仅归还自己 2 万元，收条上写的是“还（huán）欠款 2 万元”而不是“还（hái）欠款 2 万元”，由于双方是现金支付且现场无第三人在场，到底张某是支付了 2 万元还是支付了 8 万元，一时也愁煞法官。

可履行性。调解协议的内容必须有可履行性。比如，在某离婚纠纷中，达成的调解协议中有这么一条：“女方同意和男方好好过日子，并争取尽早为男方生育一男孩。”首先，“好好过日子”是一种概括式叙述的日常用语，非法律表述，何为“尽早”？一年还是两年？或许顺其自然？女子肚子的事，医生都说不准，更何况还必须是“男孩”，生育性别鉴定明显违反国家法律的禁止性规定。条款内容显然违反了调解协议合法、明确、可履行性的基本要求。

二、调解协议的一般性结构

一份完整的调解协议，一般由标题、纠纷各方的自然情况、法定代理人或委托代理人的授权、案由、一般性说明、协议条款、各方签名、签名的时间地点几部分组成。

1. 标题。标题可简可繁。简者如“调解协议”，繁者如“张某与花果山建设工程公司关于 A－3 工程标段施工纠纷的调解协议”。

2. 纠纷各方的自然情况。调解协议应当明确记载纠纷各方的自然情况。自然人应记载姓名、性别、出生年月、公民身份证号（在中国人重名现象普遍的情况下，公民身份证号对公民身份的识别相当重要）；法人或其他组织应载明单位名称、法定代表人或负责人姓名、登记地址等；委托代理人应注明身份及授权范围（如果当事人未亲自参加调解，只是委托代理人进行调解，在调解协议签署时，必须查明代理人是否得到当事人对纠纷涉及事项作出实体处分，可代为签署调解协议、和解的授权），法定代理人需说明与当事人的关系。在调解协议签订前，调解员应查明签名各方的身份，委托代理人应提供授权委托书或委托合同，查明代理权限等。

为方便行文，通常将纠纷各方分别定为甲方、乙方及第三方，不同于裁判文书的原告、被告、第三人。

3. 一般性说明。在审查调解协议时，经常看到调解员将双方纠纷过程简略，表述为："双方纠纷，经调解员主持调解，双方友好协商，达成以下协议。"虽然许多调解原告都附有起诉状，但调解与诉讼不同，调解可以结合诉讼请求但不拘泥于诉讼请求进行，可以超越诉讼请求设计调解方案，所以，花费一定的笔墨，对纠纷的事由、内容进行一定的叙述，可以避免调解协议签订后权利方重复主张权利。比如劳动争议，根据法律规定，劳动者可主张的项目很多，包括经济补偿金、赔偿金、未签订书面合同的二倍工资、加班费等，如同调解协议中仅简单约定"用人单位应于调解协议签订后十日内向劳动者支付补偿款若干元"，却未说明双方争议的项目包括哪些，赔偿款的项目包括哪些，则劳动者有可能在调解协议签订后，以若干项目未获补偿而向法院另行起诉，冲突再起。

一般性说明根据需要可繁可简。简者只说明案由，繁者可尽量明确部分事实和细节。应该指出的是，与判决必须在查明事实，分清责任的基础上适用法律不同的是，调解只要当事人各方能达成纠纷解决的协议，事实如何，是非曲直，未必需要争个明白清楚。

［**案例** 3.4.2］王某起诉刘某要求归还80万元的借款，并提供了80万元的转账凭证。刘某答辩王某确实转到自己银行账户80万元，但此笔款项是王某议定与自己合伙开办家庭旅馆的出资款，目前家庭旅馆营运中略有亏损，王某反悔，要求退还款项。就该款项到底属于借款还是合伙出资，双方均无法提供书面证明。

所幸的是纠纷双方在调解员主持下达成调解协议，在调解协议中，表述为："甲乙双方就80万元的款项纠纷达成如下调解协议"，并未认定该款项到底属"借款"还是"合伙出资款"，因为既然乙方同意在半年时间内分三期归还该款项，甲方也同意接受，款项性质已经不重要，因为调解协议的收官条款是："本调解协议签名生效后，双方当事人就该款项所产生的纠纷，再无其他任何争议。"

一般性说明还可以增加例行说明，比如："纠纷各方在调解员主持下，经友好协商，在自愿、平等、合法的基础上达成以下调解内容。"这些一般性说明排除了"显失公平"、"重大误解"和"欺诈、胁迫或乘人之危"情形的存在。当事人在调解协议签订后以上述事由反悔的，需承担举证责任。

调解协议的尾部设计如："本调解协议一式三份，由甲乙双方各持一份，一份由调解组织归档留存。"

三、调解协议的条款分类

协议条款是一份调解协议的核心组成部分。一般而言，条款主要约定双方权利义务的内容，给付的数额、履行时间、方式等。此外，权利放弃条款、担保条款、违约条款、见证条款、生效条款、声明条款、保密条款，可由当事人根据纠纷的复杂程度自由选择设置。

义务履行的方式。义务履行的方式应明确，比如付款义务应约定付款的时间（如调解协议生效后七日内）、付款方式（将款项转入甲方张某中国工商银行卡号为×××的信用卡账户即视为支付）。双方互为履行义务的，应明确约定义务履行的先后（甲方将约定款项转入乙方个人银行账户后，乙方应于确认款项到账后的次日，向甲方提供办理房屋产权变更登记所需的资料原件）。

权利放弃条款。原告就纠纷有多项诉讼请求的，若存在权利放弃的部分，应在调解协议中明确载明（如借贷合同中，借方同意若贷方在约定期限内还清借款本金，借方自愿放弃对利息部分的追索）。

担保条款。如"乙方同意在调解协议签订后一个月归还甲方借款本息共计人民币××万元，乙方同意以其名下位于滨海市A区民权路某号的房产作为债务清偿的担保"。

违约条款。如“乙方同意在调解协议签订后一个月归还甲方借款本息共计人民币××万元，若乙方未能在约定期限内归还借款本息，则就迟延履行部分，违约金以日千分之一计算”。

见证条款。如“本调解协议是基于平等、自愿、合法的原则，在调解员的见证下签署，协议生效后，双方应本着诚实信用原则积极履行协议约定的义务。若义务方未能及时、全面、正确履行约定义务，权利方有权请求调解员催促其履行”。

生效条款。如“本调解协议经双方当事人或经特别授权的委托人签名后立即生效”。

声明条款。如“本调解协议生效后，双方当事人就本纠纷再无其他争议，甲方不得以任何方式（包括但不限于请求行政机关介入、仲裁、诉讼、投诉、信访等）另行主张索赔”。

保密条款。如“本调解协议签订后，对调解的过程，赔偿的数额，双方均负有保密义务。对纠纷发生的过程，双方均不再接受媒体采访，不得以任何方式在公开场合（包括互联网）发表贬损对方社会形象的言论。违反保密约定一方应支付未违反保密约定另一方人民币5万元”。违反保密义务的赔偿责任最好能用具体化货币计量，若概括性含糊地表述为“应赔偿所造成的对方损失”，则商誉受损的数额很难通过评估或鉴定确定，所以纠纷一旦发生，或许又是一件难缠的无头公案，对前纠纷解决心怀不满的当事人，可能滥用。而具体化的赔偿数额，系双方约定，即使在后续纠纷中违约方主张赔偿数额过高要求调整，举证义务也应由其负责。

第五节　调解协议的签订

一、不要让已经到手的鱼跳回到水里去

调解是一项艰苦的工作。许多种可能都会毁灭来之不易的调解成果。比如：

当事人M：昨天回去后我电话咨询了一下我的律师，他认为我吃的亏太大了，他建议我不要签署这份调解协议，干脆让法院判决，我准备接受他的建议。

当事人P：李法官，我昨天认真地想了一下，接受这个调解方案太亏了，合伙人会有意见的，如果对方能再加个两万元的话，我对合伙人那边也好有个交代。

调解原本就是一项谈判的艺术，双方在调解过程中博弈，如同打牌，不断地试探对方的底牌，而尽可能不让对方看到自己的底牌。调解协议促成的过程，也是当事人双方决定形成的过程。

但也正因调解结果是当事人谈判与博弈的结果，所以在当事人中可能存在“悔棋”的心态，比如：

当事人T：唉，没想到他这么容易就答应我所要的数额，看来是他比我更着急于解决纠纷，早知道就应该将价码定高一些。

当事人Q：唉，原来以为对方资金链短缺，搞不好企业要

垮，本金能要回来就不错了，所以同意将利息和违约金都免除了，没想到调解协议刚签，对方银行贷款就发放下来了，海外订单也来了，早知道就让法院判决，违约金和利息都是一笔不少的钱。

也有保证人反悔的：

保证人 S：昨天老赵让我为他公司的一笔原材料欠款诉讼提供调解担保，说是下个星期一笔欧洲的订单付款马上就到账了。我在想都几十年的朋友了，谁没个难处，相互帮衬也是应该的。但仔细一想，现在企业经营都不景气，老赵的企业要是黄了，我岂不是成垫背的？今天早上法院通知我去签收调解书，但今早，看了欧债危机的新闻后，眼皮老跳。不行，这调解书无论如何不能签收。

法院许多调解经验丰富的老法官都有过这种体验：当事人回家过一个晚上，由于外部的建议或内心的变化，反悔了。

最初，法律规定法院调解书在各方当事人签收之后才发生效力，在实际操作中，法律文书要打印、内部审核把关、盖院印等流程，调解协议转换成法院正式的调解书，需要过程。当年笔者当书记员时，法官在调解成功后，由于担心当事人反悔，就要求当事人在法庭闲坐等候调解书的签收，而书记员则带着调解笔录四处找打字员（当时法院电脑并不普及，法院有文字处理室，专职打字员使用四通打字机进行文字处理）、找领导签发、盖院印，一路狂奔，终于在一个多小时后搞定。在这过程中，调解法官坐在办公室中陪当事人泡茶闲聊，心情比笔者还紧张却不能形之于色，直到调解书出炉，双方在送达回证上签收，才一块石头落地。

现代科技为调解提供了便利，普及的电脑及打印机可以迅速打印出调解协议，制作调解书，法院审判方式改革使得调解结案不用内部层层报批，电子远程签章系统使得派出法庭出具的法律文书加盖院印变得快捷。最高人民法院在2004年通过的司法解释《最高人民法院关于人民法院民事调解工作若干问题的规定》（法释［2004］12号），第13条解决了当事人可能在调解协议签字后调解书送达前反悔的问题。

根据《民事诉讼法》第90条第1款第（4）项之规定，当事人各方同意在调解协议上签名或者盖章后生效，经人民法院审查确认后，应当记入笔录或将协议附卷，并由当事人、审判人员、书记员签名或盖章后即具有法律效力。当事人请求制作调解书的，人民法院应当制作调解书送交当事人。当事人拒收调解书的，不影响调解协议的效力。一方不履行调解协议的，另一方可持调解书向人民法院申请执行。

2007年《民事诉讼法》修订后，第90条并未发生变化，所以针对该法律条款的司法解释依然有效。

需特别提醒的是：最好在调解协议中加入生效条款，具体表述如"本调解协议系当事人双方真实意思表示，经法院（或调解员）审核未发现存在违反法律禁止性规定的内容，当事人或经特别授权的委托人在调解协议上签名或用章后即发生法律效力"。

担保人反悔的现象也得到解决。《最高人民法院关于人民法院民事调解工作若干问题的规定》（法释［2004］12号）第11

条第 1 款第 2 款规定："调解协议约定一方提供担保或者案外人同意为当事人提供担保的，人民法院应当准许。

案外人提供担保的，人民法院制作调解书应当列明担保人，并将调解书送交担保人，担保人拒不签收调解书的，不影响调解书生效。"

根据这一条款，如果保证人在调解协议上签名或盖章后反悔，拒绝签收调解书的，不影响调解书的效力。

在调解过程中，案外人的保证形式主要有下面几种方式。一是在调解协议的条款中明确规定保证人义务，比如："案外人刘二宝自愿为被执行人刘大宝的债务履行提供担保，此担保系连带责任担保。"二是在调解协议空白处注明："案外人刘二宝自愿为刘大宝的债务履行提供连带责任担保。"三是案外人提供担保函。三种担保方式的法律效力是一样的。

如果案外人或被执行人提供的是物保，比如抵押，则可以表述为："案外人刘二宝自愿提供自己名下的宝马汽车一辆（车牌号为闽 DA31 × ×）作为刘大宝债务履行的抵押担保"或"案外人刘二宝自愿将其名下位于东方市向阳区朝阳大街 × × 号的房产作为刘大宝债务履行的抵押担保"。

提示：

1. 按法律规定，调解协议经当事人签名或盖章后生效，就法律规定而言，盖章与签名有同等的法律效力，但在实践中，建议采用让当事人签名捺手印的方式，因为若协议上只有印章，事后当事人以印章系假冒或他人盗用为由进行抗辩，不容易鉴定。签名笔迹较容易鉴定，而捺手印除了是中国人的传统习惯外，也有防伪的功能。

2. 按《中华人民共和国物权法》(以下简称《物权法》)的规定，质权自质物移交给质权人占有时设立。汽车作为一种较为特殊的动产，实行机动车辆登记管理制度，设立质押时最好到机动车登记管理机构进行质押登记，否则不能对抗善意第三人。

3. 按《物权法》的规定，不动产(实践中主要指房屋)的抵押权于抵押权登记时生效，因此，若当事人协议中提供不动产作为抵押，调解员应当提醒双方到不动产登记机构进行抵押登记。

应当指出的是，保证条款的提出对于调解的促成是十分有利的，纠纷产生之后，原告方不愿意达成调解协议的原因许多是基于对被告方的不信任，而担保条款有助于修复这种信任关系，也有助于调解协议的实际履行。

另外，厦门市中级人民法院诉调对接中心的调解员在调解过程中也创设出一种很有效地保证方式，足以应对调解协议签订后义务人怠于履行义务的现象，那就是在调解协议中增加一条款："若被告在调解协议约定的期限届满后，仍未全面正确履行协议约定的给付义务的，则原告方有权主张按一审判决书判定的给付内容向人民法院申请强制执行"，对于二审中调解的案件，部分当事人持有这样的一种心态，利用原告急于实现权利的心理，迫使其以放弃部分诉求为代价达成调解。但若原告让步后，被告仍怠于履行义务，试图在执行过程中以执行和解的方式迫使原告再度"让利"，实践中对此行径若过于宽容或无可奈何，一则损害司法公信，二则久之使当事人对法院失去信赖感。二审调解书送达后，一审判决书即不具有执行力，在调解协议中，双方约定一审判决书在义务人未按期履行之后“自动复活”的条款，对义务人还是有心理威慑力的，有利于督导义务人积极履行调解协议中约定的义务。

二、对虚假调解得多留一个心眼

调解是纠纷解决的很好的模式，快捷、高效、低成本，且从社会管理的角度，鼓励纠纷各方当事人通过协商、谈判消除分歧，促成纠纷解决。但权利容易被滥用，好的制度也可能被钻空子，下面三个例子中，都是调解制度被滥用的实例。

[案例 3.5.1] 李老三与妻子张某梅正在闹离婚，咨询律师时，律师告知双方如无婚前财产公证，则婚姻关系存续期间的财产属夫妻共同财产，也就是俗称的“一人分一半”。于是，李老三找到其铁哥们张老四，写了一张借条，称李老三向张老四借款 100 万元，若到期无法偿还，则以名下房产抵债。张老四持借条到法院起诉李老三，双方在调解员主持下达成调解协议，协议内容是：李老三同意以其名下房产折价 100 万元偿还所欠张老四的债务。后张老四持法院调解书到房管局进行了产权过户登记。

这个案件就是通过虚假诉讼恶意骗取法院调解书的行为。其直接结果就是严重损害了李老三妻子张某梅的合法权益。

在审理或调解过程中，若当事人恶意串通虚构债权，法官或调解员也很难通过对表面证据的审理，发现其间的猫腻，而由于调解过程的保密性，权益受损的第三方也可能无法及时主张救济，所以在实践中当事人虚构债权，通过调解稀释债权或转移资产的情况，时有发生，这也需要法官或调解员要炼成“火眼金睛”，在调解过程中，多问一些问题，比如上面的案例，一般的调解只对债权作出处理，不直接变更物权。再者，或调解员询问李老三是否已婚，房子是婚前个人财产还是婚后夫妻共同财产，稍一询问，虚假调解当事人的马脚就会露出来。

对于太容易调解的案件，反而要多留一个心眼，因为很可能当事人是恶意串通，对于当事人故意隐瞒事实，调解员一不小心就会吸入“迷烟”，中了招，被“套”走了盖有法院印章具有法律执行力的调解书。同时，在当事人申请调解协议的司法确认程序中，法官也应该尽到谨慎审查的义务，不要认为调解既然是当事人自主处分权利，那么双方当事人已达成调解，司法确认只是“走程序”，在裁定作出前，仍应详细审查调解协议的内容是否符合法律规定，是否存在恶意串通的可能，是否可能损害案外第三人的合法权益，等等。

《物权法》第186条规定：“抵押权人在债务履行期届满前，不得与抵押人约定债务人不履行到期债务时抵押财产归债权人所有。”质押权也是如此。

《物权法》第195条规定：“债务人不履行到期债务或者发生当事人约定的实现抵押权的情形，抵押权人可以与抵押人协议以抵押财产折价或者以拍卖、变卖该抵押财产所得的价款优先受偿。……抵押财产折价或者变卖的，应当参照市场价格。”因此，对于调解协议中当事人自愿以抵押物折价给对方的，应当要求双方对抵押物进行市场价格评估，以减少调解的风险。

[**案例**3.5.2] 甲汽车销售公司杨经理嗜赌如命，一次在赌场时向高利贷者借款，高利贷者在放款时要求其提供身份证、签名的空白授权委托书等。后杨经理因负债过多，弃企潜逃。原告持借条到法院起诉，与其同来的是一位持有被告特别授权委托书的律师，双方同意调解，调解员为纠纷的解决感到高兴。未几，案外人外地某乙汽车销售公司提出异议，主张调解书中以物抵债的进口汽车属该公司的财产，只是依合同委托甲公司代为销售，未售出前所有权仍归属于乙公司。

当前，社会上高利贷、非法融资活动盛行，因此，对于借款合同的审查，要慎之又慎。有经验的法官对于社会上一些以民间借贷为掩护进行的高利贷活动，已经有较强的防患准备，但是由于我国目前的民间高利贷行为并未入罪，同时高利贷活动者也懂得在操作过程中“规避法律”，比如在出款时就预先扣除部分本金充当利息，在合同中约定实现债权的若干费用由借款人承担等。高利贷借方的财务状况一般已经处于“饮鸩止渴”的状态，全盘接受出借方苛刻条件，在无法偿还债务时即跑路躲债，此类案件不宜调解。

在上面的案件中，我们后来发现存在持被告一方特别授权委托书的代理人事实上由原告一方委派的事实，但错误已经发生，只能通过启动再审程序纠正。《民事诉讼法》修订后，案外第三人也可根据《民事诉讼法》第56条第3款提出第三人撤销之诉。

因此，对“疑似”高利贷的案件，一般不宜调解，特别是当事人下落不明的，即使有特别授权的委托手续，最好建议当事人进入诉讼，哪怕在审理过程中需要公告送达，或缺席判决，但时间拖延，程序正当，总比让一份可能存在瑕疵生效法律文书进入强制执行程序，事后债权人现身，就借款数额及利息计算等提出异议，造成法院工作的被动，更为妥帖。

或者说，无论是法官还是调解员，应该有这样一种心态，无论如何，司法公正的价值位阶还是远高于司法效率，对当事人而言，能够尽快拿到钱就是王道，但对于司法工作人员而言，当事人着急的心情可以理解，但再急也不能超越法定程序，否则，案件再审，程序回锅，法官多一错案，若财产已执行且无法回转，则可能产生国家赔偿责任，慎之。平等主体之间的债权债务关系，许多发生，属商业风险的一部分，如民间借款，风险可测，行为人自担。

在这起案件中，调解员的疏忽是未要求当事人提供纠纷涉及财产的权利证明文书。法院调解书送达后，案外人向法院提交了涉案车辆的进口报关单据、委托销售合同等，证据证明调解书作出时，案涉汽车所有权确实归属乙公司，调解书协议损害了案外第三人的合法权益。

[**案例**3.5.3] 甲是城市居民，乙是郊区某村村民，甲与乙商议合作建房，乙出地甲出钱，建成后一人一半，后两人发生纠纷，调解员主持调解，双方协议甲乙各分一层，屋顶由乙从事花卉种植，调解员按协议内容出具了调解书。

在这个案例中，调解员的错误在于：调解协议虽然是当事人双方自愿处分民事权益，但协议内容不得违反法律禁止性规定。纠纷中，双方合作的基础是农村集体经济组织成员才能占有、使用的农村宅基地，甲是城市居民，现行法律是禁止城市居民到农村购买集体所有的宅基地的，甲也不可能以合作建房的方式取得建设在农村宅基地上的房屋所有权。因此，合同因违反法律禁止性规定而无效，因此，双方就房产所有权归属所达成的调解协议也自然无效。

第六节　司法确认程序

一、司法确认程序的法律依据

（一）司法确认程序的法律依据

司法确认制度是指对涉及民事权利义务的纠纷，经行政机关、人民调解组织、商事调解组织、行业调解组织或其他具有调解职能的组织调解达成的具有民事合同性质的协议，经调解员或调解组织签字盖章后，或双方当事人签署协议后，双方认为有必要的，共同到人民法院申请确认其法律效力的制度。

司法确认程序的法律依据主要有：

《最高人民法院关于建立健全诉讼与非诉讼相衔接的矛盾纠纷解决机制的若干意见》第20条

经行政机关、人民调解组织、商事调解组织、行业调解组织或者其他具有调解职能的组织调解达成的具有民事合同性质的协议，经调解组织和调解员签字盖章后，当事人可以申请有管辖权的人民法院确认其效力……

《中华人民共和国人民调解法》第33条第1款

经人民调解委员会调解达成调解协议后，双方当事人认为有必要的，可以自调解协议生效之日起三十日内共同向人民法院申请司法确认，人民法院应当及时对调解协议进行审查，依法确认调解协议的效力。

《中华人民共和国民事诉讼法》第194条

申请司法确认调解协议，由双方当事人依照人民调解法等法律，自调解协议生效之日起三十日内，共同向调解组织所在地基层人民法院提出。

《中华人民共和国民事诉讼法》第195条

人民法院受理申请后，经审查，符合法律规定的，裁定调解协议有效，一方当事人拒绝履行或者未全部履行的，对方当事人可以向人民法院申请执行；不符合法律规定的，裁定驳回申请，当事人可以通过调解方式变更原调解协议或者达成新的调解协议，也可以向人民法院提起诉讼。

（二）司法确认制度改革

司法确认程序设计的制度价值，在于司法确认程序成为正式制度之前，人民调解等调解组织最困扰的是，调解协议签署之后，义务方不主动履行协议约定的义务，权利方对之无可奈何，只能重新起诉，这也意味着之前的调解工作付诸东流。从调解的实效看，纠纷当事人觉得与其花时间调解，最终达成一个可能无法实现的协议，还不如直接到法院起诉更便捷。久之，作为东方经验的曾经在基层群众矛盾化解方面起到积极作用的人民调解，走向式微。与此同时，ADR（诉讼替代）在西方社会风起云涌，成为应对诉讼爆炸的利器，真让人有“东方不亮西方亮”“墙里开花墙外香”的观感。

问题的症结在哪里？就在于中国当事人违约、失信的成本太低了。白纸黑字，还有中间人，如果在古代，指模都摁了，君子一言，驷马难追，若反悔，圈子里就没脸再混了，可在陌生人社会，失信的成本太低了，所以签完字又反悔的事，常有。解决这个问题的办法是征信体系的建立，在西方社会，信用记录是个人也是企业的第二生命，信用记录有了污点，对个人，银行不给办信用卡、房贷放不下来，求职时用人单位高度怀疑你会不会卷款跑路，一个信用记录有污点的人，交易成本比谁都高。且污点记录将持续在案若干年无法删除，或终身在案，所以西方社会，人人在意自己的征信记录，不敢有丝毫马虎，因为，那是自己的脸，而且与你交往的人或单位都可以通过合法程序查询你的征信记录。

为了解决这个问题，最高人民法院于2002年发布的《最高人民法院关于审理涉及人民调解协议的民事案件的若干规定》（法释［2002］29号）第1条明确：“经人民调解委员会调解达成的、有民事权利义务内容，并由双方当事人签字或者盖章的调解协议，具有民事合同性质。当事人应当按照约定履行自己的义务，不得擅自变更或解除调解协议。”

2008年6月，当笔者作为多元化纠纷解决机制课题组成员，在最高人民法院司法改革办公室推敲这一条款的设计目的时发现，对人民调解协议法律属性的阐明，就是为了解决调解协议执行难的问题，但羁于现行法的限制，只向前进了“半步”。

举个例子，王老二欠你10万元，但未约定利息，于是你找到了人民调解组织主持调解，双方签署了一份调解协议，协议的内容是：“1. 王老二承认欠你10万元；2. 王老二同意在一个月内还款，并另行支付5000元作为利息；3. 如果王老二逾期不履行，则按本金日千分之一收取迟延履行违约金。”在这个司法解释发布之前，如果王老二未自动履行调解协议中约定的义务，你到法院起诉，只能起诉债权债务关系，法官只判决支持偿还10万元的借款，因未约定而视为无利息。司法解释发布之后，王老二和你经人民调解达成的调解协议视为有民事合同性质，也就是说，原借款是未约定利息的，但在调解协议中，双方确认了利息的数额，并约定了逾期不履行违约金的数量。法律视同双方签订了一份新的合同，当事人双方应按合同内容履行，你可以请求对方履行调解协议的给付内容向法院起诉，在诉讼请求中，除归还本金外，你还可以要求王老二支付利息和违约金。

称之为“半步”而不是“一步”，是因为该司法解释仍不能解决人民调解协议执行难的问题。虽然司法解释确认“人民调解协议的内容”具有民事合同性质，但当事人权利的实现，仍需经过向法院起诉才能实现，而诉讼毕竟是一个费时费钱的过程。

甘肃定西市中级人民法院在实践中经过充分调研后，开展了“司法确认程序”试点工作。应该说，在缺乏现行法律明确依据的时候，这种“勇为天下先”的试点是要冒一定风险的，因为改革也存在“先有鸡还是先有蛋”的悖论，所谓“依法改革”

则在"螺蛳壳中做道场",创新性制度无法"破壳"而出,如果当事人拒不履行,当事人申请法院强制执行的话,如何处置,有一定的争议。实践证明这一机制是成功的,司法确认工作机制在定西中院试行后,当地纠纷调解率不断提升,因为有国家强制力作后盾。

笔者参与了《最高人民法院关于建立健全诉讼与非诉讼相衔接的矛盾纠纷解决机制的若干意见》(以下简称《若干意见》)草拟的过程,清楚地记得那一天在讨论是否将"司法确认"制度写入《若干意见》时,与会者普遍认为:"这一制度必须写入,它将是整个文件的亮点,照亮多元化改革未来的路。有了它,诉讼与非诉讼相衔接的堵点将被高架桥联结;有了它,非诉纠纷解决将因为有了坚实的司法后盾而焕发生机,真正起到纠纷分流的作用。"

二、司法确认程序的具体操作

(一)启动

首先,司法确认应该由当事人向法院申请,而且必须是共同向法院申请,而且依《人民调解法》第 33 条和《民事诉讼法》第 194 条之规定,申请应该在调解协议生效之日起的 30 日内向调解组织所在地基层人民法院提出。

当事人申请确认调解协议时,向人民法院提交的材料应该包括:司法确认申请书,调解协议、当事人身份证明以及与调解协议内容相关的财产权利的证明等证明材料(比如张三在调解协议中同意以私家车一辆折抵所欠李四债务若干,张三应当提供相关材料证明该车归其所有，且车辆没有设定抵押或质押权），并提供双方当事人的送达地址、电话号码（用于送达法律文书）等。委托他人代为申请的，须向人民法院提交由委托人签名或盖章的授权委托书。

（二）受理

人民法院在收到当事人司法确认后，会在3日内决定是否受理。但属于确认身份关系、确认收养关系、确认婚姻关系等涉及公民人身关系的，人民法院不予受理，同时，调解协议内容不属于人民法院受理民事案件的范围或者不属于接受申请的人民法院管辖的，不予受理。

★有待《民事诉讼法》司法解释解决的问题

《人民调解法》和《民事诉讼法》规定司法确认程序由基层人民法院受理，接受司法确认申请的人民法院必须对纠纷享有管辖权，这在制度中就形成了一个空洞。比如许多地区的知识产权案件是由中级人民法院一审的，若当地调解组织针对知识产权纠纷促成调解，那么，应该向谁申请司法确认呢？调解组织所在地的基层法院将依照“接受申请的人民法院对纠纷不享有管辖权，不予受理”拒绝受理，而有管辖权的中级人民法院，却因为法律规定“司法确认只能由基层人民法院受理”而不能受理，那么，这类纠纷的司法确认该由谁受理呢？这是个问题。目前，有些地方的法院采取变通方式，即由有管辖权的中级人民法院发函指定调解组织所在的基层人民法院受理司法确认申请，但这毕竟只是临时性的变通方法，有待于司法解释明确解决。

（三）裁定确认或驳回申请

人民法院在受理司法确认申请后，由独任法官或合议庭对调解协议进行审查，在必要时，可通知当事人到场，当面询问当事人，在审查过程中，认为当事人的陈述或者提供的证明材料不充分、不完备或者有异议的，可以要求当事人补充陈述或补充证明材料，当事人无正当理由未按时补充或者拒不接受询问的，可以按撤回司法确认申请处理。

法院审理调解协议确认案件，其审查的重点是：

一是调解协议是否由当事人自愿签订，是否存在欺诈、胁迫、乘人之危或重大误解的情形；

二是调解协议的内容是否违反法律、行政法规的强行性规定；

三是调解协议的内容是否损害到国家、社会的公共利益，是否损害第三人合法权益；

四是调解协议的内容是否具有给付内容，是否具有可执行性。

★办案体会

甲法院受理的一起民间借贷纠纷，当事人在当地人民调解组织主持下达成调解协议后，向法院申请司法确认。负责审查的李法官将被告姓名输入“审判信息管理系统”检索时发现，被告张某在法院有多起借贷纠纷，部分案件已经判决生效并进入执行程序。李法官心生疑窦，遂通知双方当事人到法院接受询问，在约定的时间，被告并未出现，只有原告及其代理律师到场。

李法官首先询问双方的债权债务如何形成。原告说：自己租住的写字楼产权属被告所有，某年某月（借款合同上的时间），被告以自己公司急需周转资金为由，向原告借了200万元借款，约定一个月内归还，但债务到期后，被告并未归还。

在询问中，李法官发现诸多疑窦：原告虽然提供一份由双方签名的借款协议，调解中被告对借款事项并不否认，但原告提供的转账凭证，款项是从第三人账户转至被告名下银行账户，第三人电话可打通却无人接听，询问原告，原告称第三人在国外旅游，短期内无法回来，只能提供由第三人亲手书写的情况说明。

李法官紧接着询问原告在被告无法归还欠款时，为何不及时起诉，却在其财产被查封法院即将委托司法拍卖时突然起诉，原告讷讷不能答。

李法官审查后认为，原告一直与被告保持联系，对被告因多宗债务纠纷被起诉也了解情况，在被告陷入债务危机时，对200万元的借款，原告迟迟不提起诉讼，有悖常理；原告选择在被诉讼保全不动产即将被拍卖时快速与被告达成调解协议，目的显然是参与执行款的分配；借款支付过程存疑；不能排除原被告双方串通设立债权，以图参与执行分配达到稀释债权的目的。最后，法院裁定驳回司法确认申请。

（四）裁定驳回后的救济措施

法院裁定驳回司法确认申请后，当事人是否可以申请再审？答案是否定的。因为再审的前提是纠纷在法院有一个生效的判决，裁定驳回司法确认申请只是法院拒绝赋予调解协议强制执行力，并不是生效的判决。当事人应该走另外的路径实现权利救济。

比如前面的案件，法院在裁定驳回当事人申请后，原告完全可以就200万元借款纠纷向法院起诉，请求法院判决支持。其他的纠纷，当事人也可以请求调解组织再次主持调解，达成新的调解协议，再次申请司法确认。

如果案外第三人认为经人民法院确认的调解协议侵害其合法权益的，可根据《民事诉讼法》第56条第3款的规定，通过提起案外人撤销之诉维护自己的合法权益。案外人撤销之诉，权利人必须在知道或应当知道其民事权益受损之日起6个月内，向作出判决、裁定、调解书的人民法院提出。

第四章

DI SI ZHANG

调解的艺术

第一节　调解的场所

一、调解的场所

中国的调解制度源远流长，西周时在地方官吏的设置上，即有“调人”之职位，专门负责纠纷调解。直至清末沈家本修律，《大清民事诉讼法典》中仍然有调解结案的规定。

在古代，作为公共场合之一的茶馆，成为纠纷调解的最好场所（详见第一章第二节）。在封建时代的乡土社会，聚族而居是社区成立的主要模式，同一社会成员被宗族、血缘、婚亲等血脉关系所维系，所以其纠纷解决也主要采取“内部解决”的模式。“每有纷争，最初由亲友耆老和解，不服则诉诸各房分祠，不服则诉诸叠绳堂。叠绳堂为一乡最高法庭，不服则讼官矣”，宗族各房分祠成为同宗间纠纷的调解场所，而叠绳堂则成为乡级调解场所。

图 1. 至今仍保存完整的申明亭

明朝时，和尚出身的草根皇帝朱元璋更强调乡土社会的纠纷自我解决，洪武五年，朱元璋下令全国所有的乡村，设立申明亭，其功能包括：读法（每月规定初一、十五，地方官员和乡绅族长，要在申明亭召集当地百姓，集体学习朝廷律法及皇帝诏令）、明理（即由乡村一些有名望的人在此开讲座，讲做人的基本道理）、彰善瘅恶、刑罚文告、剖决争讼小事、辅弼刑治。与申明亭并列的是旌善亭，其功能是表彰好人好事、孝子贤孙、节女贞妇，如今天的社区好人好事公告榜。

申明亭除给行人遮风挡雨外，事实上已经是一个议事、民众教育、纠纷调解的重要公共场所、乡村的地标性建筑。《大明律》规定，纠纷未经里老处理即上告官府的，不问虚实，上告人杖五十，发回里老于申明亭评理。我们惊讶地发现，现代民事诉讼制度中的“诉前调解前置程序”，竟然在此找到中国传统版本。

在调解人选的确定中，申明亭的调解员循“本土化、在地”原则，从当地年长、德高、明事理的老人中选任，一则节约成本，二则调解主要依据当地的风俗习惯，十里不同俗，外地人即使“饱读诗书，久闻圣人之训”，但未必能了然当地民俗，且调解多以地方方言进行，外地人存在语言沟通障碍。

大明皇帝给予申明亭的调解人以极大的优遇，除可以从地方公仓、义仓领取适当的实物补贴，在地方公共祭祀活动中享有分配胙肉、坐上席的尊荣待遇外，从事申明亭调解工作的乡老，即使没有功名，地方官员、坊里百姓，见面仍须隆礼以待，头可戴方巾，在地方上有“方巾御史”之美誉。

《大明律》同时规定，县治有地图的，须在地图上标明申明、旌善二亭的具体方位；同时规定，故意损毁申明亭者，杖一百，流三千里。

许多申明亭的楹联，也颇具普法启智功能，如此联：

上联：因甚走得忙乱，这等步乱心慌，毕竟负屈含冤，要往邑中申曲直

下联：倒不如且坐坐，自然神收怒息，宁可情容理让，请回宅上讲调和

语言平白，对仗工整，其中寓理，直入人心，纵因纠纷怒火千丈，于亭中小坐，亦得静思躬身自省，以理性、谦让，解决纠纷。

调解的场所不拘一格。每一个有利于纠纷各方斡旋谈判、了解对方诉求、协商解决矛盾的地方都是最好的调解场所。

这种在村庄中公共场所进行调解的习俗一直延续到今天。

有点意外的是，主方竟然将座谈会现场安排在郑氏宗祠中而不是村委会。有些讶然，但很快释然并佩服中国农民的智慧，或许，在祖宗的牌位前讨论村庄的公共事务，不仅有着文化传统上的因循，从心理学的角度讲，一是村庄共同价值的隐喻，二则在公共议事过程借助鬼神惩戒力的心理暗示。

——摘自黄鸣鹤乡土法学系列之《在冲突中寻找和谐——当国家法碰撞民间法时》

在隐私权观念日益提升的现代社会，纠纷各方更乐意在私密状态下解决矛盾，而不是将冲突公布于众，这也就要求调解场所有一定的私密性，主要在室内完成。

在厦门市法院系统赴台湾地区司法考察团带回的资料中，我们发现，调解室内几乎找不到与法律威严气息相对应的物件。相反地，装饰性花瓶、壁挂画、玩具熊等物件烘托出一种宽松的生活气息。要不是桌子上简单的铭牌、沙发旁放置各种空白表格文书的立式抽屉，很容易让人误以为这是一个家庭或公司的休息室或会客厅。但也正是这种宽松的布置，与法庭中当事人分席而坐，壁垒森严的对抗性司法不同，显示了调解在多元纠纷解决体系中的柔性特征。同时，调解员与纠纷各方同席而坐，而不是如法庭般高高在上，传达了调解员的职能是基于当事人自愿的居中调和而不是国家公权裁判的特质。

图 2. 台中“地方法院”调解室（图片由厦门中院赴台湾地区司法考察团提供）

图 3 是最高人民法院 2009 年赴欧盟司法考察团在德国进行调解制度考察时拍摄所得。这个调解室明显地呈现欧洲人特别是德国人追求简单、实用、严谨的风格。调解室中桌子呈长方形，纠纷各方围桌而坐，法院提供饮用水和杯子，当事人在调解过程中可以饮水及食用小食品。我们参观时发现，桌子上有一盘曲奇饼干，介绍人告诉我们，法院预算中并没有为当事人提供食品的项目，饼干是调解员在家中自行烘烤并免费提供的，不要小看这盘小饼干，在调解过程中，它将纠纷各方的心理距离拉近了不少。调解室中有电话，可以与外界联系；有电脑，可以及时打印调解笔录或调解协议；有法律书籍专用柜，各方在碰到法律问题时可以随时查询。窗户边小白板的功能最大，调解员可以进行同步板书，将双方的诉求及分歧显示出来。

图 3. 德国柏林地方法院调解室（图片由最高人民法院赴欧盟司法考察团提供）

二、调解室的布置

1. 调解室的整体风格

调解室应本着“简洁、实用、宽松”的风格进行布置。审判法庭的设计风格是威严庄重：国徽、法槌、高大的审判台、值庭的法警、隔离的旁听席。法庭设计的目的是给诉讼参加人和旁听人员在视觉中产生对法律的敬畏，而调解室的功能，则在于消弭当事人间的分歧，促成纠纷的解决。因此，调解室设计应努力消除诉讼过程中对抗性的暗示元素，而增加平等性和合作性的隐喻。

厦门中院诉调对接中心的调解场所与诉讼服务中心相邻，这也方便了当事人在立案后或征得当事人同意后预登记转入调解。

在设计中，通道采用统一的暖色调，走廊上悬挂一些与调解有关的喷绘相片或工笔画，调解室按不同主题设计，但一般可通用。

图 4. 福建省厦门市中级人民法院调解室通道
（图片由厦门中院诉调对接中心提供）

2. 桌椅的摆设

在实践中，一些法院将调解室的桌椅设计成同心圆，调解员及当事人可随意选择座位，以“圆桌会议”表示调解过程中各方的平等。但在实践过程中我们发现，圆桌调解存在两个方面的不足：一是在长方形的调解室中，圆桌事实上是一种最浪费空间的摆设方式，在面积不大的调解室中，中心摆设圆桌，四周剩余的空间都不好摆设；二是在圆桌会议中，当事人与其委托代理人交谈存在一定的障碍，而其在陈述时，除非侧身，否则目光无法直视另一方当事人，此举可能被视为不礼貌。

因此，一般建议调解室的桌子采用长方形或其他可最大利用空间的形制，调解员的位置最好安排在门的正对面，当事人分坐两边，可对视，有利于交谈和交换资料，当事人最好和自己的委托人坐在一起，随时可交头接耳商议对策或作出决定。调解室中应当设置带打印功能的电脑，方便书记员记录或及时打印出调解协议。

在厦门中院诉调对接中心的调解室系列中，商事纠纷主题借鉴商务谈判中明亮、简洁的会议室风格，墙壁上的图画有情绪放松的暗示功能，而书橱中的书籍并不是摆设，其中必要的法律法规汇编、相关案例汇编，可以为纠纷解决寻找法律依据提供便利。

图5. 福建省厦门市中级人民法院商事纠纷调解室
（图片由厦门中院诉调对接中心提供）

实践证明，在调解的谈判斡旋过程中，饮水是正常的生理需要，因为谈话过多容易口渴，适量饮水也有利于情绪放松，或掩饰心理活动。饮茶是厦门居民的生活习惯，情感沟通、商务谈判、纠纷解决，许多都是在酽酽的茶香中进行的。厦门市中院闽南文化主题调解室，其设计理念符合当地人的生活起居习惯，调解室如同茶室，可以使纠纷各方在煮茶饮茗的过程中，调解纠纷。

图 6. 福建省厦门市中级人民法院闽南文化主题调解室，
引入当地茶馆的元素（图片由厦门中院诉调对接中心提供）

图 7 是厦门市中院涉台纠纷调解室，其墙壁上的台湾海峡地图直观地体现“闽台一衣带水”的理念，沙发式调解室也符合台湾地区居民的习惯。

图 7. 福建省厦门市中级人民法院涉台纠纷调解室，引入
闽台文化元素（图片由厦门中院诉调对接中心提供）

3. 调解室墙壁的装饰

调解室墙壁上一般不悬挂大型国徽，可以在调解室的墙壁上悬挂一些法律名言或劝世良言，或适当装饰水墨山水画或静物油

画。在色彩选择上，心理学家一般认为蓝色或绿色有利于人心理上的放松。墙壁上可悬挂时钟，可以让调解员在调解过程中适当掌握时间并提醒当事人注意抓紧时间。

厦门市中级人民法院家事纠纷调解室的墙壁设计，由多幅反映家庭亲情的相片框成一颗心形。对于离婚纠纷、未成年人监护权纠纷、继承纠纷的当事人，在婚姻面临破裂、争夺孩子监护权、家庭财产分割时，曾经相濡以沫的亲人间可能恶言相向，清官难断。当他们在等候调解的空当，驻足观赏那些温馨的相片时，可能想起他们生活中曾经的美好，曾经的承诺，曾经的宽容与互谅互让，心海中泛起的涟漪或许可以为破裂关系植入一些挽回的可能。至少让当事人明白一个道理：当爱已成往事时，心平气和地分手或放手让对方远去比起伤人的语言要来得豁达。在第二幅图中，留言板让一些纠纷当事人留下心语。或许，别人的故事、同是天涯伤感人的只言片语更能打开纠纷当事人的心扉，启迪他们以爱和宽容解决家事纠纷。

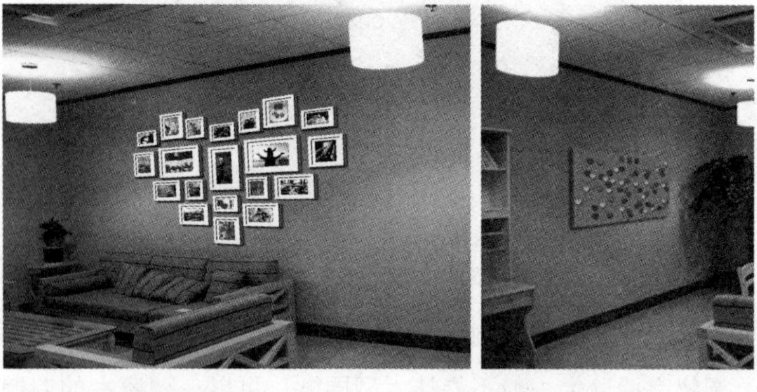

图 8. 福建省厦门市中级人民法院家事纠纷调解室的墙壁设计（图片由厦门中院诉调对接中心提供）

图 9 是厦门中院诉调对接中心调解室的小帧装饰物，这些小物件不仅起到美观的效果，也是中国传统“谦让、合和”文化的展示，如涓涓细流，润人心而不觉。

图 9. 福建省厦门市中级人民法院调解室的墙壁装饰物
（图片由厦门中院诉调对接中心提供）

图 10 是福建省厦门市中级人民法院涉台纠纷调解室的墙壁装饰物，由两岸一些民俗文化照组成鱼的模样，象征着穿越海峡两岸的交往，而《乡愁》是台湾著名诗人余光中的小诗，字里行间飘着一丝淡淡的乡愁。

图 10. 福建省厦门市中级人民法院涉台纠纷调解室的墙壁
装饰物（图片由厦门中院诉调对接中心提供）

商事注重行为人的诚信，注重平等、自由、等价有偿等契约精神，部分涉外合同纠纷也在商事纠纷调解室调解，设计时应更注意公平、自由等法律文化元素的展示。图 11 最右边是中国大陆法院第一把法槌（2001 年诞生于厦门市思明区人民法院）的原型。

图 11. 福建省厦门市中级人民法院商事纠纷调解室的
墙壁装饰物（图片由厦门中院诉调对接中心提供）

4. 调解室其他实用功能

（1）通风、采光、吸音。调解室装修时应当考虑通风、采光、吸音等房屋基本功能。通风。由于一般参与调解的人数相对较多，如果通气不畅，室内氧气消耗量加大时，屋内人员容易产生窒息感，诱发逃离的潜意识，同时加剧当事人的焦躁情绪。因此，当调解室不具备窗户条件时，应当加强管道通风，科学计算排气系统的流量，确保屋内清新空气的流动。同时在屋内放置绿色植物，有利于增加氧气供给，也给人赏心悦目之感。

采光。最好能引入自然光，如果只能借助照明系统，则应少采用直射耀眼光源。

吸音。墙壁上可以贴一些有吸音功能的壁纸，减少因谈判发言或争吵时产生的回音。

（2）白板的使用。在德国法院参观调解室时，我们发现，白板是调解员最有力的帮手之一。白板一般放置在调解室内最显著的位置，可以让室内的人一览无余。在调解过程中，调解员可以通过板书的方式，将双方的诉求分列出来，并列出其中的分歧和共识部分，板书在帮助调解员整理思路的同时，可以使各方明了纠纷的重心，促使当事人更加有效和直接地调整策略。

三、调解员进入调解室应注意的微细节

虽然我们努力使调解过程变得轻松，但是，对于当事人而言，调解与诉讼并无本质的差别，都是为了维护自己的利益所进行的战斗，是一个谈判与博弈的过程。在当事人看来，环境的宽松无法掩盖现实的利益之争。因此，创造一个相对宽松的调解硬件环境固然重要，但是，调解员的中立性和与当事人间的信任关系更是调解能否成功的关键，这是我们必须注意的。

[**案例** 4.1.1] 在一起民间借款纠纷案件的调解中，被告先期到达法官的办公室，法官随手为其泡了一杯茶，让其稍候。后原告到达，法官立即开始调解。但事后原告将法官投诉到纪检部门，认为法官与被告间存在特殊利益关系，理由是法官只给被告泡茶而没有给原告相同的待遇。

[**点评**] 这是一个真实的例子。从旁观者的角度，我们可以说这位法官“比窦娥还冤”。但是原告的合理怀疑也是人之常

情，更说明法官在调解过程中应该谨言慎行。在实践中，许多法官为了工作上的便利，在办公室主持调解，这种做法并不科学。一则办公室中的办公条件拥挤，不利于法官与当事人间的交流；二则法官的办公室中一般放置着案件卷宗和其他内部文件，当事人进进出出不利于机关安全保卫。因此，有条件的法院应将调解室的建设放在与审判法庭同等重要的位置。

此外，除非符合规定的单独会谈，一般情况下，担任调解任务的法官应避免和一方当事人的单独见面，特别是在第一次调解前。通常情况下，当事人各方进入调解室的时间是不一样的，法官如果过早进入调解室，则不可避免地和一方当事人有独处的时间，也不可避免地进行交谈。这容易给后进入一方当事人造成误解或心理上的障碍。因此，法官一般应在当事人之后进入调解室。可由书记员在调解室中做好准备工作，并在当事人到齐后通知法官。

思考题

从调解室装修风格的不同谈调解的文化差异。

（小组讨论方式）

第二节　角色定位、合作与说服的艺术

一、调解员的角色定位

调解事实上是一场由调解员主持、当事人共同参与，在谈判、较量、博弈、妥协和创造性思维的过程中寻求纠纷解决的过程。在这个过程中，调解员的身份并不是裁判者，他更多的是一个中立观察者、一个矛盾化解者、一个将事态发展朝有利方向的推动者和纠纷解决方案的助产士。

（一）召集人

首先，调解员是调解这首有多方参与的协奏曲的指挥，调解程序启动后（当然，调解程序启动和中止、终结权完全掌握在当事人手中），调解员是具体议程的控制者，包括确定调解的时间、地点（当然在一般情况下必须征询当事人的意见）；决定是否与一方当事人进行私密性会谈（俗称“背对背”）；决定是否应当适时安排公共性会谈（俗称“面对面”）；决定是否邀请相关的单位或个人协助调解。

其次，调解员也是调解过程中规则的制定者和维护者。法律对于调解的具体规定更多的是在基本原则方面，比如调解的合法性、自愿性和保密性等。与诉讼必须在程序的轨道上运行，否则可能因程序违法而被改判或发回重审不同的是，调解虽然也有一些建议性程序，但这些程序并不是强制性规范，在调解的过程中，调解员可以根据纠纷的类型、当事人的实际需求和调解员的风格与手法，在不违反法律禁止性规定的前提下进行调解。其目的在于纠纷的解决，而不拘泥于议程的排序和标准套路，套用《论语》上的一句话，那就是“随心所欲而不逾矩”。

在调解过程中，调解员可以根据需要制定规则，比如发言的顺序、发言的时间控制，调解的气氛虽然比庭审要宽松些，但也要注意调解的效率，调解员可以根据需要制定细化的规则，但应该在每个议程开始时以商量的口气和当事人沟通，并吸收当事人的合理化建议修订规则。

（二）沟通者

在诉讼这一纠纷解决模式中，法官的角色是一位居中裁判者，庭审的功能是确保当事人能在公平、公正和透明的程序中充分行使自己的诉讼权利，法官在查明事实、分清是非的基础上辨法析理，通过逻辑推演得出判断。调解则不同，调解在于找出一个能为当事人各方所接受的纠纷解决方式，这也决定了调解员与当事人的沟通是调解过程中非常重要甚至是最重要的工作内容（包括私密性会谈和公共会议）。这种沟通包括发现被隐瞒的事实、消除当事人的愤怒与对抗情绪、弥合分歧、打消不现实的预期、拉近谈判底线的距离等。

（三）参谋者

基于对调解员的信任，许多当事人在犹豫不决时，往往会征求调解员的意见。在这个时候，调解员的建议对于纠纷的解决往往能起到“一锤定音”的关键作用。但是，调解员的回答必须慎重、客观、留有余地，切忌为了促使调解而说出武断或绝对的话语。下面的两段话是比较得体的回答。

调解员：如果就我这几年从事调解员工作得到的经验看，我是这样认为的……当然，这只是我个人的建议，在作出决定前你不妨再听听亲戚朋友或专业人士的意见。

调解员：我手头有几个类似案件的判例，在一般情况下，法官是这样判决的。哦，这里还有一些相关的法律书籍，可以借你看看。

第一种回答中，调解员在提出自己建议的同时强调这是个人意见，并提醒最终的决定权是掌握在当事人手中，并善意地建议他多听听各方面的意见，特别是信得过的人或专业人士。在清楚明白地向当事人表达观点的同时，留有余地。

第二种回答中，调解员并不作正面回答，而是向当事人介绍或提供相关的资料，由其自行判断，这要求调解员平常要做好基础功课，特别是资料的收集。

（四）矛盾缓和者

在笔者调解过的一些案件中，一些当事人在做出让步时总喜欢说："法官为了我们的纠纷，花了这么多时间，我看算了，就按这个方案办吧，算是给黄法官一个面子。"一开始，笔者总觉得有些不习惯，虽然笔者也希望促成调解，但是否接受调解取决于当事人意愿，为什么变成是"给黄法官一个面子"呢？后来笔者发现，所谓的"给法官面子"是当事人自己给自己的台阶，在这时候，调解员承担了"台阶"或"避雷针"的角色，为促进矛盾缓和起到积极的作用。

当调解过程中的谈判陷入僵局，当事人都不肯退让时，调解员也可以主动出来承担“避雷针”或“破冰者”的角色。

调解员：老李，你是不是担心赔偿数额再提高的话回到公司张总会批评你，不然这样，你打个电话，我直接和张总说说，跟他解释解释？

调解员：别吵了，我提个建议，双方都各让一步，你们觉得这个数目如何？

在调解过程中，为了消除当事人间的对抗情绪，调解员根据需要可以说一些“善意的谎言”（white lie）。

在调解一起房屋确权纠纷时，经办案件的薛法官[①]发现原被告双方系姑表兄弟，被告李某读中学时曾经寄宿在姑姑家，与原告一家人有一定的感情基础。在与原告的交谈过程中，原告抱怨被告是个无情无义的人，工作以后就很少上门看望老人。于是，在与被告李某的交谈中，薛法官在不经意间提起被告曾经在原告家生活的往事，李某坦诚地说那时姑姑一家人对他确实很关照。

薛法官趁热打铁，说：“你很久没去探望你姑姑了吧，听说她挺念叨你的，我也知道你和表兄发生了纠纷，不方便上门，吵归吵，看望老人家是人之常情嘛，应该找个时间去看看你姑姑，或许对缓解你们表兄弟间的矛盾也会有帮助。”

听到法官的建议后，被告挑了一个原告不在家的日子上门看

---

① 本调解案例及经验提供者：厦门海沧区人民法院薛自力法官。

望了姑姑，双方在交谈后回忆以前同一屋檐下的快乐日子。原告从其母亲处听说被告主动上门的事情，强硬态度有所松动。薛法官在与原告的交流中，替被告说起了好话：“我觉得你这位表弟也不是不懂事理的人，看得出他对自己做过的一些事其实挺后悔的。”

在这里，薛法官所使用的是“善意的谎言”，因为在“背对背”的交谈中，被告并没有明确承认自己的错误，但这种在私聊中替一方当事人说好话的方式有效地缓解了当事人间的对抗情绪，特别是在家事纠纷、邻里纠纷和有过良好合作关系的生意伙伴间。

在原告的态度稍微缓和后，薛法官趁热打铁，打出了“亲情牌”。

薛法官：虽然说亲兄弟明算账，但亲戚间嘛，毕竟打断骨头连着筋，这起纠纷，我看还是调解的好。

在次日的面对面调解中，在双方当事人到达调解室后，薛法官并不急着进入纠纷的实质问题，而是在浓浓的铁观音茶香中，和当事人聊起了家常，原被告双方不知不觉将话题转移到离别后的家长里短。突然原告动了感情，对被告说：“打了那么多年的官司，不就一套房屋的事吗？自家表兄弟有什么不好商量的，你就不应该躲着我。要不是薛法官，我就是赢了官司，但少了一门亲戚，心里也不痛快。”

话说到这份上，调解自然水到渠成了，一起引发系列诉讼，一审、二审折腾多年的案件就此案结事了。

二、合作的艺术

[**案例** 4.2.1] 北京一知名品牌婚纱影楼起诉厦门一家婚纱影楼侵犯其商标权，请求法院判令其停止侵权行为并赔偿损失人民币20余万元。

接到起诉状副本后，厦门公司的负责人有些意外，因为这家公司已经使用这个商标多年，刚投入巨额资本对影楼进行装修。停止使用原有的商号、商标，不仅意味着老顾客的流失和广告费的损失，20万元的索赔也使公司面临着闭门歇业的可能。于是，被告请求法官居中调解，并表示愿意停止使用该商标并赔偿人民币5万元。

主审法官[①]研判了案件。他发现，无论是依法判决还是依被告提供的方案促成调解，均不是最优选择。于是，对话在法官和原告特别授权的委托代理人间展开。

赖法官：通过庭审，被告侵犯贵公司商标权的事实基本可以确认，被告方也表示了合理赔偿的愿望。你方有什么想法？

原告委托代理人：我们没什么想法，事实很清楚，被告侵犯了我们的商标权，应该立即停止侵害，同时就过去的侵权行为赔偿我们的损失。

赖法官：你们到被告的影楼实地考察过吗？

原告委托代理人：是的，我们去过，我们从被告刊登在报纸

---

① 案例和调解经验提供者：赖华平法官，从事审判、执行工作多年，2012年经考试从基层法院遴选到中院工作。

上的广告发现侵权事实之后，就派人化装成客户暗访过，为诉讼准备第一手证据。

赖法官：你们感觉被告影楼与你们在北京的公司相比服务质量如何?

原告委托代理人：我们感觉被告还是一家有实力的公司，生意也很不错，提出20万元的索赔额就是以被告的营业额、合理利润作为基础测算的。

赖法官：你们是否考虑过，如果你们坚持要被告更换商标，赔偿20万元损失的话，被告公司可能面临着倒闭的悲惨局面，这也意味着影楼股东巨大损失、数十名员工失业、刚投入的巨额装修报废等一系列的连锁反应。

原告委托代理人：赖法官悲天悯人，讲得都在理。但我们是商业性公司，在商言商，没办法顾及那么多社会性问题。

赖法官：好，那么，我们就从“在商言商”谈起。被告停止使用该商标之后，你们公司是否准备在厦门自己开分公司?

原告委托代理人：据我所知，公司没这方面的规划。

赖法官：你们也应该看到，厦门风景很好，既有东南亚风情的骑楼建筑，又有沙滩海风，婚纱摄影市场潜力巨大，周边许多城市的年轻人都跑到厦门来拍婚纱照。

原告委托代理人：我们已经发现这一点，但我们公司人力资源有限，目前并不准备拓展在南方市场的业务。

赖法官：我认为，如果被告公司垮掉，对于贵公司也是一种损失。

原告委托代理人：我不太明白。

赖法官：首先，商标作为一种无形智慧权，之所以有价值，在于商标在消费目标人群中的知名度、美誉度、认同度。其次，一个好商标的维护，与良好的服务口碑、持续的广告投入是分不开的。你们也说过，被告公司的实力、服务质量、营业前景都是相当不错的。其在厦门开展业务，并不会与你们北京的公司产生竞争，影响你们的利润。相反地，它将如同一个广告橱窗，替你们维系商标在厦门市场的顾客知晓度和美誉度。我建议你们以合理的加盟费授权被告使用你们的商标，变冲突为合作，这是双赢的结果。

原告委托代理人：我觉得您提出一个纠纷解决的另类思路，我会将你的意见转告公司决策层，请他们定夺。

合作才是通向共同成功的黄金之道。最后，在赖法官的主持下，原被告双方达成了调解协议：被告通过加盟的方式取得原告商标使用的授权，每年商标使用费 1 万元，合作期 10 年，首次预交 5 年的商标使用权费；原告放弃其他索赔要求。纠纷圆满解决。

三、说服的艺术

[**案例** 4.2.2] 在一起医患纠纷中，患者申请当地医学会进行医疗事故技术鉴定。鉴定结论是不构成医疗事故，但医生在治疗过程中，使用了某种药物，却没有事先将该种药物的副作用告知患者家属，该药物对损害结果的发生，有一定的因果关系。

在该医患纠纷中，医院方同意赔偿，但双方就赔偿的数额分歧极大，患者家属说：“赔再多的钱，也无法换回我们家人的健康。”医院说：“医院也是自收自支的单位，有财务管理的规范，赔的钱太多了，我们也做不了主。如果实在不行，你们就到法院起诉吧，法院判多少，我们照着履行就是了。当然，如果法院判决的赔偿数额太大，该上诉、申诉的，我们会依程序走。”

话说到这份上，医患双方除了将诉讼进行到底外，已经没有什么谈判的余地。

其实未必。

调解员首先与患方进行私密性会谈。①

调解员：我知道，这次手术对患者的身心伤害很大，但如果进入诉讼的话，诉讼程序加上司法鉴定，会拖延很长时间，对你们而言，也是一次身心俱疲的不愉快的经历。我建议你们双方还是考虑调解结案。

患方家属：我们也愿意调解，毕竟打官司谁也不想，这年头，有什么不要有病，跑来跑去不要跑医院、法院。但是医院那态度，只肯赔一点点钱，以为是打发叫花子？

调解员：医院目前提出的赔偿数额是有些少，这一点，我会给他们做做工作，但你们提的数额，基本是全额赔，鉴定结论并没有说医院负全责，只是存在医疗疏失，有一定的参与度。法律

① 私密性会谈俗称“背对背”，也就是另一方回避的谈话，谈话内容保密，除经谈话方允许或授权外，调解员不得将谈话的内容、当事人对于纠纷解决的意见转告另一方当事人。

专家也认为在以往的案例中，类似的赔偿一般被定在20%至30%的参与度，也就是损失赔偿总额的20%至30%，外加适当的精神损害抚慰金。

患方家属：医学会的鉴定专家都是当地的医生，老子给儿子出鉴定，胳膊肘儿怎么不会往里拐？人说“官官相护”，我看“医医相护”也是真的。

调解员：话虽然是这么说，但鉴定结论毕竟还是具有法律效力的，即使进入诉讼，法官审案，还是得依据这份鉴定意见。

患方家属：那行吧，我们要求赔偿全部责任的50%，包括精神损害赔偿。我们已经很让步了，行就签调解协议，不行就法庭上见。

调解员：明白，我会努力说服对方的。

于是，调解员转入与医院方谈判代表的对话。

调解员：调解不能成功，在于赔偿数额上的分歧，你们提的赔偿数额也太低了些，只有全部责任的20%，也难怪患者家属无法接受。

医院方谈判代表：医学会的鉴定报告是不构成医疗事故，只存在医疗疏失，与损害结果间存在一定的参与度。我们按20%的比例计算，也是无可厚非的。

调解员：我们能不能换一个思路，如果进入诉讼，患者家属对医学会的医疗事故技术鉴定报告不满意，可能申请重新委托司法鉴定。你也知道，司法鉴定比起医学会鉴定，在过去的报告评析中损害确定的标准总体要宽松些，对患方有利。鉴定意见可能会建议医院承担更大比例的过错责任。所以，就纠纷解决而言，在目前这份鉴定结论的基础上双方协议商定赔偿数额，调解成功对医院也是有利的。

医院方谈判代表：是啊，这样吧。我们按全部责任的40%确定赔偿数额，不能再多了。

调解员：我们还得考虑一个因素，这起纠纷如果进入诉讼，医院被判令赔偿基本是可以确认的，只是数额的问题。厦门法院这几年推进司法公开，所有生效判决书都会上网发布。如果判决的话，等于以法律文书的形式向社会公开医院在某起医患纠纷中应承担责任。这会影响医院的社会形象、公众评价和卫生行政部门对医院的等级评定。而调解书①是不用公开的，就不存在这种顾虑。如果我们将商誉损失计算入内的话，我认为，按全部责任的50%确定赔偿数额，应该也是可以接受的。我也有一定的把握说服患者家属在这个数额上接受调解。

医院方谈判代表：您分析得在理。这样，我会把您的意见和建议报告给领导，由领导决定。

第二天，医院方谈判代表打来电话，说领导同意接受调解员建议的赔偿方案，纠纷解决。

① 有些地方的法院，将调解书内容上网公开，笔者认为，这种做法是不妥的，因为保密是调解的基本原则之一，除非调解书的内容涉及公共利益，非经当事人同意，不得上网公开。判决书则是一种公共产品，以公开为原则。

课堂练习题

1.（自由发言）你心目中的调解员是怎样一种角色？你是否认同其他学员关于调解员角色定位的观点，为什么？

2.（心得分享）学员举例，分享一个如何说服别人听取自己意见的心得。

第三节　如何驾驭调解

一、语言控制

一般情况下，除专业术语外，担任调解任务的法官或调解员应尽量避免使用过于书面的语言或庭审时使用的“法言法语”，而尽量采用当事人能够理解的平实语言，但也不宜太过于口语化，低俗下流的语言或容易引起误会的语词应杜绝使用。

（一）调解过程中的语言控制

1. 果断制止

在调解过程中，滔滔不绝如同话痨的当事人，在发言中带有情绪宣泄及攻击性语言的当事人，毫无目的地相互指责和自我开脱，都是调解的毒药。调解员应予以果断的制止，并制定发言的规则。比如：

调解员：我们来这里的目的，并不是吵架，也不是指责对方，而是通过沟通寻找解决问题的办法。因此，我不想再听到攻击性或侮辱性的语言。

调解员：时间是宝贵的，争吵无济于事。这样吧，我们采用轮流发言的方式，一方发言时另一方不得随意打断，每一轮发言各十分钟，谁先开始？

2. 切换话题

在调解过程中，当事人对某个细节问题争议不下时，双方的对抗情绪不断升级，如果原本并不重要的稻草可能导致骆驼摔倒时，调解员应及时转换话题，搁置争议。比如调解员可以说："没关系，我们可以在解决其他问题后回头再讨论这一细节。"或者："我看大家都有些累了，休息一下，喝点水吧。"当调解再次进行时，悄悄地转移主题。

3. 归纳争议点

调解并不是漫无目的的讨价还价，虽然在程序的规定上，调解比诉讼要宽松得多，但也必须注重效率。在调解过程中，对于当事人的倾诉耐心聆听固然重要，但也不是无原则地任由当事人陈述。许多当事人很容易在自己的惯性思维中重复运动，无法以超越或换位的思维审视纠纷本身，在这种时候，帮助当事人厘清思路，当头棒喝比聆听更重要。

因此，调解员应该分阶段对纠纷的争议焦点、双方的分歧点、解决方案的差距、僵持领域可能突破的方式进行及时的归纳总结，将当事人的注意力引导到争议解决本身。

（二）特殊情景时的语言控制

1. 对于当事人套近乎的处置

一些自来熟的当事人喜欢和调解员套近乎，为了避免另一方当事人的误会，应果断地给予冷却处理或直接让其吃闭门羹。下面是一段相关的情景对话。

当事人 W：张法官，听说您是中国政法大学的高才生，我有个表弟也是那所学校毕业的，说不定你们认识，约个时间见个面吃个饭？

调解员：不好意思，我们学校一年毕业几千号人，站上去满满一操场的，谁能认识谁啊？我更关心的是能帮您把这起纠纷早点解决了，见面吃饭嘛，就不用了。

2. 对于离席威胁的处置

调解是自愿的。在调解过程中，任何一方当事人都有权中途放弃调解，这是他们的权利。但是，在大部分情况下，当事人提出离席威胁，其真正的意图，并不是放弃调解，而只是做出离席的姿态，威胁对方当事人作出让步或借机试探对方的底线。经常听到的离席威胁有：

当事人 Z：我觉得我们简直就是在浪费时间，调解已经毫无必要，干脆让法官来作出判决吧！

在这种情况下，调解员应当中止调解或宣布短时间休息，并在休息期间和威胁离席的当事人进行私下会谈。交谈中，调解员应当明确地告诉发出威胁的当事人，强硬的态度对于纠纷的解决未必有正面的作用，而离席威胁有可能导致调解的失败，并建议当事人回到调解现场以更柔性的方式解决纠纷。如果当事人仍持强硬态度的话，调解员不必马上宣布调解失败，可以中止调解，采用冷却战术，以免一些采用“以退为进”的威胁战术的当事人弄假成真。

（三）区分调解语言与审判语言的差别

法庭庭审讲究语言的规范化，但调解则不同，调解员可以以日常用语主持调解，应尽量避免使用一些当事人无法理解或容易引起误解的词汇。

★一个真实发生的笑话

某法院所辖地区主要是乡村，张法官从中级人民法院下基层挂职，曾审理一起民间借款纠纷。下面是开庭时的一段对话：

法官：原告，你主张被告在去年向你借了一万块钱，你有什么证据可以提交法庭？

原告：证据？我没有什么证据。

法官：根据“谁主张，谁举证”的原则，如果你不能举证说明被告曾经向你借钱的话，你将承担败诉的风险。

原告：证据我没有。赵老六向我借钱时倒是有给我写过一张借条。

在调解过程中，调解员也可以使用民谚或当地的白话俚语来做双方的思想工作，这些民间语言草根性极强，是当地民间语言在日常生活中的精华沉淀，直白、经典、幽默，话糙理不糙，可以在对话者中间产生情感的共鸣，达到说服的目的。

调解员：老张，我也怀疑这猪仔的病可能是从种苗场带来的，但咱出售给人家的时候确实承诺如果三天内猪仔病死卖家负责。俗话说一口唾沫一口钉，做生意的人，信誉就是门脸，咱应承的事，就是冤了点也得兜着，您说是不是这个理？

“一口唾沫一口钉”“放个屁砸个坑”都是民间俚语，指的是做人要讲信用，话一出口，覆水难收，虽然内容有些简单粗俗，但是在调解过程中，特别对乡土社会的当事人，其语言效果要比“君子一言，驷马难追”之类“掉书袋”的语言更容易为当事人所接受。在调解过程中，调解员应当根据当事人的文化水平和语言习惯对自己使用的语言进行适当调整，总的来说应该以平白、精确、易于理解、符合当地语言习惯为原则。

二、调解过程中的情绪控制

（一）学会聆听

如果将微笑比作第一次见面时的名片和调解过程中的糖，那么，调解员在调解过程中耐心地倾听诉说就是一个咖啡壶。在前面，我们提到，调解能够成功的因素之一在于当事人的情感需求得到满足，而得到满足的方式之一就是倾诉，在倾诉中发泄，在倾诉中调整心理，在倾诉中冷却，在倾诉中平衡。许多纠纷之所以诉诸法院，是因为当事人无法通过双方的沟通、谈判达成解决，相反地，在寻找解决的过程中，双方反而因分歧或误会而产生对抗情绪。

倾听时应该注意“共情”和“换位思考”。共情（EMPATHY），指的是一种能深入他人主观世界，了解其感受的能力。也就是“关怀一个人，必须能够了解他及他的世界，就好像我就是他，我必须能够好像用他的眼看他的世界及他自己一样，而不能把他看成物品一样从外面去审核、观察，必须能与他同在他的世界里，并进入他的世界，从内部去体验他的生活方式，及他的目标与方向”。

而“换位思考”，即将自己假定为当事人，尝试从当事人的角度去看待问题，体验当事人的感受。但换位思考并不是迎合当事人，而应该像一位知心朋友在听取倾诉一样，在理解中指引当事人解决纠纷。

（二）超然的心态

调解员可以从倾听中了解到当事人的感受，但调解员在倾听中必须保持冷静和超然的态度，不能迷失或受困于当事人的诉说，或受当事人情绪的感染。

调解员在倾听当事人诉说的时候必须时刻提醒自己：所有当事人的叙述都是有预设立场的，都是单方陈述，兼听则明，偏听则暗，我们虽然强调在倾听时的“共情”或“换位思考”，但其目的是让当事人感受到调解员在注意听他诉说，在体验他的感受，从而有一种心理上的放松和宣泄。

调解员在倾听时必须有一种超然的心态，即使在兼听之后对纠纷的基本事实形成一个内心确认，也不宜对一方当事人表现出过多的同情（在这里，“理解”与“同情”是两个不同的概念，倾听中的“共情”是基于对当事人的尊重与理解而不是同情，这一立场必须非常清晰）。

在调解过程中，调解员之所以能够中立，关键在于其超然，调解员必须有非常冷静的思维，“有佛心但不拘泥于世俗，以慧眼洞察世故人情”，这样才能及时从纷乱如麻的事实中抓住纠纷的主要事实和争议的焦点，因势利导，当机立断。

（三）对抗性情绪的化解

在许多民事纠纷中，当事人由于积怨或误会已久，在调解的第一阶段就召开公共性会议（面对面）不一定是好主意，在未对纠纷的形成历史、争议焦点形成一个全面认识，特别是对当事人的心态及谈判底牌进行试探性接触之前，公共性会议不仅无助于纠纷的解决，而且可能因当事人面对面的冲突而使纠纷解决的难度系数提高。因此，在调解的前期阶段，调解员应该通过会面、电话、电子邮件等沟通方式和当事人尽可能多地沟通，通过当事人叙述和适当的调查了解纠纷产生的过程。纠纷之所以发生，往往伴随着一方当事人的失信、沟通时的分歧与误解、东方人的面子文化等，调解员需要处理的不仅仅是纠纷的实质性争议本身，对抗性情绪的化解往往是调解成败的关键。在矛盾的化解过程中，除调解员外，乡土社会的长辈、行业协会或社会团体的工作人员、有经验的社区工作者，都是协助调解的合适人选。

三、调解过程中不当行为的避免

我们前面提到，调解员的地位是中立的，心态应该是超然的，在调解过程中，有几种不当的行为应当避免。

（一）对案件是非问题与责任归属的不当评判

真相往往随着调查的深入而逐渐浮出水面，即使是未受过系统法律训练的调解员，仅凭日常经验法则，也可以对纠纷中的事实、是非和责任归属形成一个基本判断或者说是内心确信。这种基本判断可以帮助调解员确定调解的方向并拟定调解的策略，但是，在调解过程中，无论是在单独会谈还是公共会议中，调解员都不宜明确表达自己对于纠纷的评判，即使是在调解协议最终达成时对是非的分清和责任的归属，也属于当事人自愿处分权的范畴。调解员不同于法官，调解的程序也有别于法庭审理，与法庭的查明是非、分清责任不同的是，调解员的职能是帮助和促成当事人达成调解。因此，调解员并不拥有裁决权，无权对案件的是非和责任归属作出评判。即使调解员内心确信符合客观事实也不能说，因为不适时或不当的评判不仅会影响调解员的中立地位，而且会导致当事人对调解员不信任情绪的产生。

（二）对当事人的不当评判

在与一方当事人进行单独会谈时，有些调解员会有一种“和当事人谈得挺拢”的感觉，有些调解员为取得当事人的信任，在单独会谈时会对对方当事人进行一些评判，比如：

调解员：我也知道你是很冤枉的，某乙和你合作了那么多年，到最后还摆你一把，做人确实是有些不厚道。

调解员：你知道你这种行为造成的社会影响有多恶劣吗？人要脸树要皮，不要出门被别人戳脊梁骨！

第一段话中调解员说这话无论是为了和当事人套近乎还是真实想法的流露，都是非常不当的行为，说句不好听的话是“屁股已经挪到一方当事人边”，这种“背后言人是非”的做法不仅无助于纠纷的解决，反而使得调解员背离了中立地位，也违反了调解员的职业道德。

而第二段话中居高临下的训话也是不当的，调解员不是法律事实的裁判者，也不是道德的说教者，对于当事人的道德评价和训诫是不合适的。当然，事物也不是一概而论的，在乡土社会中，笔者曾目睹一位老人在协助法官调解时训斥不尽赡养义务的一方当事人，那位当事人是他本家侄孙，当事人在受到训斥后十分羞愧，当场签订了调解笔录并即时清结义务，这也是一种符合国情的中国式调解。

思考题

在调解过程中，你是否碰到过尴尬场景，说说你是如何临机处置控制场面的。

（学员心得交流）

第四节　调解过程中心理学知识的运用

一、心理学在中国古代审判中的运用

心理学的知识被运用到司法审判活动中，最早的文字记载见于《周礼·秋官·小司寇》。西周时，统治者设立大小司寇的官职，掌管全国的司法审判工作，同时规定“以五声听狱讼，求民情”，即“五听之制”：

一为“辞听，观其出言，不直则烦”，也就是观察当事人的语言表达，除非将撒谎当饭吃的人，否则，人一撒谎，自然有生理上的反应，西方的测谎仪就是基于此原理。通过人说话的内容判断一个人是否在撒谎，理屈的人容易前言不搭后语，前后矛盾，说谎时情绪容易紧张慌乱。

二为“色听，察其颜色，不直则赧然”，也就是观察当事人的面部表情，撒谎的人面部表情会因羞愧而发红。

三为“气听，观其气息，不直则喘”，也就是观察当事人的呼吸情况，没有说实话的人，会急促地喘息。

四为“耳听，不直则惑”，也就是向当事人提出一些紧要的问题，如果其回答不着边际或心神不宁，则可以判断其有撒谎的可能。

五为“目听，观其眸子视，不直则眊然”，也就是观察当事人的眼神，眼神躲闪或不再直视，必有理屈之处。

就现代心理学而言，“五听之制”或许属心理学观察的皮毛之术，但远在3000多年前，在西方社会仍处于蒙昧时期和神灵裁判的同时代，中国的司法审判已经通过对当事人神情和语言的观察来判断其言辞的真实性，不能不说有其独到之处。

被最高人民法院两次授予“人民满意的好法官”称号的上海市浦东新区人民法院法官葛建萍，在多年的审判工作中，形成了一套“听、观、引、断”的民事审判方法：

“听”，就是对双方当事人的意见充分倾听；

“观”，就是在审理过程中善于观察当事人的反应；

“引”，就是在庭审中积极引导当事人进行自我教育；

“断”，就是善于抓住主要矛盾和争执焦点，及时对案件的处理作出准确的判断。

其中的“听”与“观”二字与中国古代的“五听之制”有异曲同工之妙。

二、调解员在调解过程中对心理学知识的运用

每个人在观察别人的时候同时也是被观察的对象。调解员可以通过观察当事人来获取相关信息，促成调解；同样地，当事人在观察谈判对手的同时也在观察着调解员，调解员的谨言慎行，特别在调解过程中保持应有的中立性，对于调解的成功，有着重要的作用。

（一）微笑的力量

微笑是向对方释放一种善意。在调解员与双方当事人第一次见面时，得体的微笑是最好的名片。谈判学家发现，在谈判过程中，适时的微笑会对谈判双方都产生积极的效应，从而使谈判双方获得更大的效益。在调解过程中，调解员适时适当的微笑如同一杯浓咖啡里的糖，起到调味的功能。这里使用“适时”这个词指的是微笑应该得体，应该发自内心，应该配合语境；“适当”指的是微笑须发自真诚内心，且自然流露，不是强装欢颜。皮笑肉不笑或过于僵硬的笑容容易使人感觉虚假，而不注意时机场合的微笑反而使当事人不知所措，甚至怀疑这种微笑是否带有另外的潜台词。

（二）火候的掌握

一个好的调解员绝不是一个沉默的倾听者或者一个喋喋不休的说教者。他所擅长的应该是在沟通中说服，在说服中沟通。在交流过程中，除了满足当事人情感上诉说的冲动外，还能从当事人诉说中发现一些被隐瞒或忽略的事实，发现矛盾的焦点所在。

调解员应该是一个冷静的观察者和局面的掌控者：在当事人犹豫不决时以建议的方式将其朝纠纷解决的方向推动；在谈判出现冲突时起到消防员的作用；在谈判陷入僵局时起到“破冰船”的作用；在当事人执着于当前利益得失时提醒其维系双方的关系更有利于长远的商业利益。调解员是在一壶水达到99摄氏度的时候关键的加温。

下面是一位基层法官介绍的调解心得：

调解对于时机的把握是很重要的。我曾经有过一个案件，当事人有些偏执，案件起诉到法院后曾多次扬言要上访，法院多次做工作没有效果。2008年“5·12”大地震之后，他又到了法院，在交谈中我们聊到了灾区孩子的情况，在他感叹人生的无常时，我趁热打铁，将话题转到纠纷处理上，指出他将大量的时间花在一起相邻权纠纷上是一种得不偿失的行为，千金难买好邻居，邻里纠纷，“让他三尺又如何”，应该尽可能促成调解而不是“一讼十年仇”，他沉默了一会儿，接受了我的意见，纠纷很快得到了解决。①

---

① 调解经验提供者：原厦门市翔安区法院洪德琨法官，该法官于2008年遴选到厦门市中院民五庭任职。

（三）时机的把握

调解员对调解时间点的掌握也很关键，一些有经验的法官总是将上午的时间安排庭审，其他时间安排调解，因为他们注意到，在当事人精力较旺盛的时间段，他们更容易将调解当成一场谈判、博弈和战斗，不容易让步，而在其他的时间段，当事人更容易因为疲惫或其他考虑（比如下面所提到的“年关情结”）而作出让步。

下面是在交流调解经验时一位法官的调解心得：

没有人喜欢加班，但在召集当事人进行面对面调解时，我总是授意书记员安排下班的一小时前开始。因为经验告诉我，在谈判过程中，当事人总是有一种心理，认为谁先退让谁会吃亏。因此，调解协议很少在第一时间内达成，而是需要经过反复的谈判和博弈。下班时间到了，我告诉当事人如果他们愿意的话，我们可以将调解进行下去。在经过前面一小时锱铢必较、寸土必争的谈判后，双方在体力上和心理上均已疲惫，有着急于摆脱困境的心理需求，是调解员促成调解的最好时机。

我觉得调解工作应该利用传统文化中一些有利于调解的因素。比如在中国传统文化中有“年前清债”的观念，春节前，在大家都忙着准备过年的时候，我却总是通知当事人特别是债权债务纠纷的当事人到法院进行调解，这时候，调解的成功率较高，因为当事人有个心理：无债一身轻。除非恶意欠债，不然谁都想轻轻松松了结纠纷，有个好心情过年。有一起纠纷案，大年二十八调解时，在利息的计算方面谁都不肯让步。眼看就要谈崩了，我就拿出排期表，说：“这个案件的排期是在农历正月初十，如果你们都不想在新年时上法庭的话，大家都得互让一步。”于是纠纷解决了。[①]

应该提出的是，利用“疲劳战术”间接或变相地迫使当事人达成调解，有违调解自愿的基本原则，是法律所禁止也是我们所反对的。但是，在不违反调解自愿原则的基础上，调解中的谈判原本就是在当事人间进行的一场博弈，只要当事人未明确反对，调解员所安排的“加班调解”并不违反规定，而事实上，在“案多人少”的状态下，许多基层法院特别是派出法庭加班加点已经成为一种工作常态，许多调解活动都自然延伸到“八小时以外”。

三、微表情：对当事人肢体语言的观察

心理学家在研究中发现：人类在沟通过程中，一条信息所产生的全部影响力只有7%来自语言（指内容），38%来自声音（包括语音、语调及语速等），其余的55%全部来自无声的肢体语言。同时，人类在交流时经常用的词汇只有几万个，而脸部表情和肢体语言的组合却高达数十万种。也就是说，同样的一句话，由于表达方式的不同，将对受众产生不同接收效果的影响。

在调解的过程中，运用心理学的知识，细心观察当事人言行举止，发现当事人的心理活动，可以因势利导，对症下药，促成调解。

除了声音之外，表情、眼神、下意识的肢体动作，都可能在无意中泄露主人内心中隐藏的秘密和情绪状态。在莱温斯基绯闻

① 调解经验提供者：厦门市海沧区人民法院郭静法官。

事件的听证会中，有心理学家注意到：美国前总统克林顿向陪审团提供证词时，频繁地摸自己的鼻子，最多时每分钟摸鼻子达到26次。心理学家根据对微表情的分析，得出结论：克林顿正在撒谎！事后证明推断是正确的。

在西方陪审团审判中，陪审团成员从当地有选举权的公民中随机产生，律师们建议被告人在刑事审判中选择陪审团审判而不是法官审判，是因为他们认为陪审团更容易被法庭辩护打动而作出无罪的判决。陪审团的内心价值取向和在庭审过程中的微表情，对于裁判结果的作出十分重要，因此，在西方的刑事辩护中，一个完整的辩护团队除律师和调查人员外，还必须配有心理分析师，其职能是通过提问甄选陪审团成员，并通过庭审过程中的微表情观察了解陪审员的心理动态，及时调整辩护策略。

因此，掌握一定的心理学知识或邀请一些心理学专业人士担任调解员，对调解的促成是十分有利的。

通过对当事人肢体语言的观察与解读，有利于调解员分析和掌握当事人的心理变化，适时调整调解的方式或方向。

头颈部和四肢所传递的微表情。一般而言，如果当事人的头颈部一直处于自然状态，目光柔和，四肢放松，敢于对视调解员和对方当事人，这种人一般为人较为坦诚、处世自信、有安全感，能逻辑地分析和对待事物并理性地做出选择。

另一类当事人在调解或谈判的过程中，头颈部一直处于紧张状态，四处打量，目光不愿意和别人对视，处世一般较消极或孤立，或在社会交往和职场中处于受制或压抑状态。

还有一类当事人的头颈部始终处于紧张状态，下巴微含，跷二郎腿或双臂环抱于胸前，目光直视对方却犀利或充满挑衅，对抗性较强。

后两类当事人都属于不容易说服的当事人，在判断得失或参与谈判时往往缺乏全面的审视，执着一点，看不清全局，对他人包括调解员不容易产生信任感。

眼睛，一扇泄密的窗口。眼睛是人类心灵的窗户，也是人除嘴巴外最容易泄露内心机密的器官。心理学家的研究结果表明，普通人在与他人的交流过程中，眼睛所泄露的秘密远比嘴巴要多得多，因为嘴巴是由意识控制的，而神眼更多的是由潜意识控制的。对于大部分人而言，嘴巴在言不由衷时，飘忽的神眼往往泄露了他们内心的真实想法。

鼓励当事人双方的情感交流。一般在调解的开始，当事人的对抗情绪比较浓，且纠纷未解决，当事人都不太愿意主动与对方接触，以避免让人误以为急于求和而在谈判中处于下风。有些当事人甚至刻意装出强硬立场，以表示自己决不退让。

面对这种情况，控场以防止矛盾激化是调解员面对的第一项挑战。随着调解的深入，双方的立场因调解的希望或双方立场接近出现松动时，调解员可以适当建议双方进行一些情感方面的交流，比如：

你看，你们双方都已经合作那么多年了，也算是老朋友了，为了这起纠纷，说了那么多气话，值得吗？我看，双方先握个手，表表诚意如何？

情感交流不仅表现在语言上，也可以表现在共同行为上。比如福建晋江法院的司法工夫茶，将调解室装修成茶馆样式，调解员与纠纷各方边品茶边调解。中国的茶文化中暗含着许多礼数性的东西，比如请茶、敬茶等。这些“茶礼茶语”可以让双方都感觉自己受到对方的尊重，抵触情绪和排斥心理有所化解。例如：

考虑到白天村民比较忙，上门不容易找着人，于是刘东华就在晚上，带了自己酿制的杨梅酒和一包卤料，进了村小组长的家。小组长见到法庭的特邀调解员上门，急呼婆娘炒了两个热菜，俩人边喝边聊了起来。

刘调解员随身带了一张报纸，上面登了一个法院的案例，是有关征地补偿款分配纠纷方面的。边喝边聊中，小组长思想已经做通，于是刘调解员打通了原告的电话，要他一起来喝酒。因为住在同一个村庄中，原告很快就来了。说着说着，大家气顺了，面子有了，姿态也就高了，主动对自己说过的一些气话作了自我批评，酒酣之际，矛盾也解开了。① 乡里乡亲的，心里老揣着一个疙瘩，多别扭。

调解员培训中应加入心理学课程。读心术并不是魔幻电影中的巫术或者吉卜赛人扑克算命时所运用的小技巧，而是将交流对象在不经意中流露的脸部表情、肢体动作和言辞结合起来，捕捉对方稍纵即逝的表情中所隐藏的丰富的内容，从而判断出其内心真实想法的心理学研究方法，就是一种对研究对象所流露或试图

---

① 调解故事中的调解员系厦门海沧区人民法院东孚法庭的特邀调解员刘东华，在人民调解工作室进驻法庭之后，特邀调解员刘东华在调解室入驻法庭后一年半时间中即调解民事纠纷542件，获锦旗12面。

掩饰的内心活动的一种微妙的观察。因此，在调解员培训课程中，聘请专业的心理学导师进行调解心理学知识培训是非常必要的。

由于其更多地建立在经验积累而不是系统的培训上，有着某种“只可意会，不可言传”的“不可说”或“非常道”。我们并不强求调解员成为心理学大师，但适当地掌握心理学方面的知识将使调解员更容易判断和掌握当事人的心理变化。在实践中我们发现，一些经过心理学初步训练的调解员在调解时的成功比例要高于其他同行。在对一些未经过心理学训练的调解员成功个案的分析中，我们发现，一些文化程度并不高的调解员在调解过程中自创的招数都自觉或不自觉地暗合了心理学的理论。

四、空间关系学理论在调解中的运用

比起“空间关系学”这一专业术语，“豪猪理论”可能更让读者耳熟能详：在寒冷的冬天中，一群豪猪挤在一起取暖，但靠得太近，它们身上的刺会扎伤彼此，而离得太远，又达不到取暖的目的，在无数次的尝试之后，它们终于发现了最合适的距离，能相拥取暖，又不会让刺扎伤彼此。人类社会也是如此，离群索居时害怕孤独，而靠得太近又容易彼此伤害，空间关系学应运而生。

心理学家发现，人类生活中一般存在四种区域：

1. 亲密区域。一般在 0.45 米之内，这是情侣或亲人接触的区域。

2. 私人区域。一般在 0.45 米到 1.2 米之间。这是两个人在面对面交谈时，方便且不会给对方造成心理压力的合理距离。

3. 社交区域。一般在1.2米到3米之间，这是在社交场合比如舞会或自助酒会时的合理距离，这种距离使人们不会感到拥挤也不会感到疏远。

4. 公共区域。3米以上的距离，在公共场合比如商业街。

心理学分析表明，除非有特别关注的因素，人们一般对进入3米内圈的陌生的人和物会产生戒备心理。当然，这个标准也不是绝对的，受社会和文化的影响很大，也和一个人的成长经历、心灵受创史有关联。

有趣的是，与某些动物通过撒尿和留下体味来划定自己的领土一样的是，人类也有设定“势力范围”的潜意识，与谈判对手太过于近距离的接近，会让他们有不舒服的感觉。

因此，在调解室的设计与调解过程中，我们可以借用空间关系学的一些理论：

1. 调解室不宜太小，调解各方如果在一个有压迫感的环境中进行调解，心态不容易放松，环境的不舒适容易使人产生逃离的欲望，从而导致调解失败。

2. 让纠纷各方保持一定的空间距离。在调解开始后，征求当事人的意见决定是否将调解室的门关闭；让双方隔桌而坐，桌子的宽度应该在1.2米到3米之间。

3. 当事人和自己的律师或代理人同席而坐，方便他们私下交流的同时也让当事人有安全感和依靠感。

4. 调解室外有隔音性较好的区域或另外的休息室，可让当事人在冲突时适度隔离，方便一方当事人与其代理人进行私下讨论或向上级电话汇报取得授权。

5. 调解室的温度控制应该适宜。

6. 调解室墙壁的颜色应该选择一些清新的色调，可以适当悬挂一些字画等。

思考题

谈谈你对于心理学知识在调解过程中运用的认识，你是否有这方面的经验或体会？

（建议采用学员分组讨论的模式）

第五章

DI WU ZHANG

调解员能力建设与职业伦理

第一节 调解员的能力建设

一、什么样的人适合当调解员

什么人适合当调解员？调解员一定要经过系统的法律训练吗？调解员是否学历越高越好？这些问题，我们放在这一章节中逐一回答。

记得周星驰的电影《食神》中有这样一段台词：根本没有什么食神。人人都可以成为食神。

同样的道理，真正的调解能手，不是从法学院培训出来的，而是从实践中磨砺出来的。“黑猫白猫，能捉老鼠的就是好猫。”只要能够解决纠纷，化讼止争，促成矛盾的化解与纠纷的解决，就是一名好的调解员。

对于调解员的准入资格，现行的法律中，2011年1月1日起正式施行的《人民调解法》第14条规定：人民调解员应当由公道正派、热心人民调解工作，并具有一定文化水平、政策水平和法律知识的成年公民担任。

其中，除了要求成年（年满18周岁）、公民（具有中华人民共和国国籍）的硬性杠杆外，其余都是属于“宽泛性”的要求。在由全国人大法工委民法室、司法部法制司共同编著的《中华人民共和国人民调解法解读》中，对于《人民调解法》第14

条规定的立法思路是这样描述的：考虑到人民调解员的优势并不在于年龄、文化水平及法律教育背景，在传统乡土社会，调解员的优势在于对当地风俗习惯的熟悉、调解员个人的威望，这些与教育背景的关联度都不大。当然，调解也需要一定的技巧，同时也需要一定法律知识的支撑。

“我有一些优势是法官所没有的。”

面对前来基层调研的最高人民法院司改办蒋惠岭副主任，刘东华一点也不犯怯，掰着手指头就说开了。

“我会本地方言，而现在的许多法官都是考公务员进法院的，不懂本地方言；我在这地方土生土长，风土民情我了如指掌，调解时可以参考当地习惯。现在，我和书记员小彭成了好朋友，我向他请教法律问题，他向我学习当地方言和风俗习惯。

其次，我的工作方式比较自由和随意，却也比较符合村民的习惯。法官都是坐班制，朝八晚六的，可白天村民要上班或上地里去了，人都不好找。而我就不同了，我可以在夜里或休息日找上门去调解，自己带几包茶叶或拎点小酒，像串门又像唠家常似的，只要身正，没人会说闲话，但法官不行，上门连茶都不敢喝哩。”

——摘自《乡土社会传统调解资源的激活——厦门法院多元纠纷解决样本分析》

刘东华在成为调解能手之前是一名令当地镇政府头痛的老信访户。20 世纪 80 年代，退伍后的刘东华回到户籍所在的农村，想干个体运输户，于是向隔壁地区的运输公司买了一部报废的中巴，谁知却卷入了一场旷日持久的诉讼。诉讼过程中，刘东华自学法律，诉讼下来，刘东华也“久病成医”，经常为当地的村民代书书状之类，后来成为公民代理。海沧东孚法庭庭长在走访中发现这位奇特的“草根法律人”，于是邀请他成为法庭的驻庭调解员，在一年半的时间内，刘东华共调解案件542件，涉案金额895万元，在刘东华的调解办公室中，锦旗满满地挂了一屋子。

就文化水平而言，刘东华是高中毕业，当过兵，做过个体户，见过世面，能说会道，属乡土能人类型。而小嶝好厝边会所的调解员洪木课，则是另外一种类型。

小嶝是一个四面环海的小岛，与金门隔海相望，面积只有0.88平方公里，11个姓氏2800人。小岛因1958年的“八二三”炮战而闻名世界。由于特殊的地理环境，居民出岛办事极不方便。2007年，翔安法院大嶝派出法庭在处理岛上一起家事纠纷时，邀请一位当地德望较高的老人协助调解，法官用电话进行指导，纠纷很快解决了。

这件事给了法官很大的启发，于是，经批准，法庭在岛上设立了“好厝边会所”（闽台方言“好邻居”之意），就是整一个场所，配置桌椅茶具，通上电话，订几份报纸，钥匙交由特邀调解员掌管，调解员可以在此主持调解，村里老人也可以在此休闲交流，聊一下家长里短。

好厝边会所成立后，社会效果特别好，一是法官上岛有了落脚点，二是特邀调解员也有了调解的平台，村里老人也多了一个泡茶议事的场所。好厝边会所的经验后来受到了省市领导的肯定，在翔安许多传统乡土社区，陆续建立了“好厝边会所机制”。

——摘自《小嶝“好厝边会所”纪实》

与刘东华的能说会道不同，小嶝好厝边会所特邀调解员洪木课调解成功率高，在于他的辈分高与道德威望。出生于1945年的洪木课在小嶝岛生活了一辈子，家长里短，如数家珍，德高望重，说话有分量。辈分、阅历、德望，都足以让老洪主持调解时，形成强大气场，不怒自威，掷地有声。

但是，无论是刘东华还是洪木课，在背后都有一个强大的职业法律团队支撑，那就是派出法庭或法院的法官、书记员群体，为调解员调解提供随时、全方位、点对点的法律指导，电话、微信、电子邮件的使用，也为这种讨论提供了互联时代的在线交流。这种交流既确保了调解的质量，同时也让法官对纠纷的解决做到心中有数，对一些可能激化的矛盾，提前预知，协调相关部门做好稳控。

当然，乡土社会的调解员也有其先天性不足。

当然，我们也发现，乡土社会的调解员在调解邻里纠纷、农村家事纠纷方面，有其地理性优势，但也有不足。不足之一在于对一些法律关系复杂、专业性较强的纠纷，大部分乡土社会调解员无法胜任，这是因为乡土社会的调解员文化水平普遍一般，知识结构单一，且对事物的认知有着较固定的思维方式，对新生事物的学习能力、理解力和吸纳力较差，通过继续教育提升能力和改善知识结构的空间不大。

不足之二是乡土社会的调解员有一定的地域性，因为调解员的权威相当部分建立在个人的威望上，张村的调解员老张到了李村，其调解效果就要大打折扣。解决的办法是建立“一村一调解能手，建立调解网络”，同时在乡镇一级配置专职调解员，指导、协调辖区调解工作。

不足之三是因为文化水平的限制，即使在其擅长调解的领域，纠纷会得到解决，但调解所需要的配套工作如调解笔录制作、调解协议起草、卷宗归档，大部分调解员无法独立完成。解决的方法是为其配置文化水平较高的助手，大学生村官是很好的助手，但许多村庄并未配置大学生村官。一些法院将新进大学生驻村计划与乡土调解结合起来，让刚从法学院毕业带有法学浪漫气质的大学生与乡土调解形成组合，结果发现，他们从彼此身上都学到了许多东西，许多人甚至成为“忘年交”。

——摘自黄鸣鹤《厦门法院调解资源调查报告》

除了乡土社会调解能手，许多人都是调解员的上好选材或绝佳人选。

在调研过程中，我们发现可以从几方面去挑选或发现调解员。

一是退休的法律人职业群体。医生是老的好，法官也是如此，年纪越大某种意义上也意味着阅历的丰富、经验的积累，人情世故的洞察，纠纷解决技巧的娴熟，话事说理，当事人也较容易接受。目前中国对于法律职业也是采用统一的退休体制，而55岁的女性和60岁的男性，其经验阅历十分丰富，体能也能够满足纠纷解决工作的需要。厦门是个宜居城市，也是许多人退休后选择定居的城市，退休的法律人群体存量不小。海沧法院的特邀调解员队伍中，有退休的法官、检察官、司法局干部，实践证明，正是这支不穿法袍的调解员队伍，协助法院调解了大量的纠纷。

二是法院速录员队伍的转型。从二十世纪九十年代开始，因为工作需要，法院录用了一批司法辅助人员，主要从事法庭速录或其他书记员工作。这批速录员为法院贡献了青春年华，由于编制的问题，无法转为公职人员，且随着年龄的增大，面临着出路的问题。这些速录员同时也是法院的财富，大部分速录员师从过多位法官，言传身教再加上自我学习，实践经验十分丰富。湖里法院的社区法官姚亮建议对于这些优秀的速录员进行培训，让他们转型成调解员，也是法院内部调解资源的盘活。

三是公益诉讼人才的聘用。东孚法庭特邀调解员刘东华的成功转型就是一个很好的例证。在刘东华成为特邀调解员之前，主要从事公民代理活动，同时也在一些征地拆迁项目中成为村民的维权代表，成为当地党委政府眼中的不稳定因素。东孚法庭因势利导，说服其从事调解工作，并在法庭为其设立了专门的人民调解办公室，实践证明这种做法是成功的。目前厦门还有一些热心公益诉讼及公民代理的人士，可以吸收一些调解能力强、有责任感的人加入到调解队伍中。

——摘自黄鸣鹤《厦门法院调解资源调查报告》

法律管的面最广，曾经有一位法院院长介绍说法院上管天，下管地，中间管空气。这话也不是吹牛，的确，航天由国际空间法调整，航空可能涉及航空运输合同纠纷，土地承包经营纠纷法院得受理，空气污染可能引起环境诉讼，法院也得受理。只要有纠纷，法院几乎都管。法律涉及方方面面，但法学教育只是通识教育，而纠纷则是跨界的：保险合同纠纷，一位保险从业人员可能比法官对行业术语更了如指掌；一位客户与汽车维修厂因配件是不是原厂生产发生纠纷，在这种情况下，一位汽车制造工程师绝对比法官更有专业上的发言权。当然，诉讼中法官可以通过邀请专家担任人民陪审员、专家证人，或者将专业性问题委托鉴定机构鉴定。但在调解中，如果由专业性、行业性人士直接担任调解员，是否更节约人力资源，更能切中问题，更容易促成纠纷解决呢？答案是肯定的。所以，域外 ADR 的发展有一种倾向，就是鼓励专业性、行业性人士担任调解员。调解员并不一定要精通法律，或者说，调解员只要经过必需的课程培训，了解法律的基本运行机制、调解的技巧和应当注意的职业伦理即可，在国外，这种培训也就几十个小时或一周时间。

某个领域的专家担任调解员，或由心理咨询师直接担任家事纠纷调解员，往往能发挥其专业领域的优势。目前的障碍是，专业人员的人力成本一般较高，国外专业性调解多采取当事人付费方式，故能吸引和招揽高素质人才加盟调解行业。在英国、美国，调解不但有效地解决了大量的纠纷，付酬调解还创造了许多就业机会，吸引了许多高端人才。

中国大陆的付酬调解，起步晚、发展缓，主要是尚未培育出当事人付费的习惯，但最关键的是市场尚无法提供优质的付酬调解服务，让消费者（个人认为调解也是一种法律服务产品）觉得物有所值或物超所值。但当前“知识付费”互联网经济的成功，让笔者有了信心，或许，阅读此书有志于从事纠纷解决或已经开始接触纠纷解决的非法律专业人员可以一起见证，或开启这个年代。

二、调解员的培训及资格准入

（一）美国

美国早期的一些调解项目要求调解员具有学士或硕士学位，有些州还要求只有律师才能调解某类特殊案件，但在实践中这种做法受到了强烈批评。目前大部分州规定调解员的任职资格是参加过调解培训，同时，一些州建立了调解员会员组织，进行行业自律。

（二）澳大利亚

澳大利亚是近年来调解业发展较快的国家。2000 年，澳大利亚联邦司法部长开始通过全国非诉讼纠纷解决咨询委员会建议设立调解员最低标准，其目标是：制定调解员行为规范；保护调解产品使用者的利益；建立调解行业的包容力与凝聚力。[①] 2005 年，澳大利亚邦德大学的布勒教授建议建立一个全国性的“调解人资格认可系统”（NMS），制定调解组织的最低标准：（1）不少于 10 名调解员；（2）能为调解员提供继续教育培训、研讨会、经验报告会等；（3）完善的行政管理机制等。同时规定了调解员的资格认可标准：（1）最低工作量标准，每两年不少于 25 小时的调解；（2）每两年 20 小时的专业继续进修。

---

① 范愉、史长青、邱星美：《调解制度与调解人行为规范：比较与借鉴》，清华大学出版社 2010 年版，第 107 页。

（三）中国香港地区

中国香港地区近年来也进入了调解的快速发展及普及期，目前许多机构都具有经过评审或未经评审的调解员名单。可给予调解员认可资格的评审机构，包括香港国际仲裁中心和英国特许仲裁员学会香港分会。

（四）中国台湾地区

中国台湾地区的调解员分“乡镇市调解委员会”和“法院附设调解”两块。其中“乡镇市调解委员会”的调解员要求为“乡镇市内有法律或其他专业知识及信望素孚之公正人士”，而法院附设调解对于调解员的要求为：（1）品行端正，很有信誉；（2）对调解工作富有热忱；（3）生活安定且有充裕时间；（4）身心健康有说服能力；（5）对解决民事或家事纠纷具有专门经验；（6）具有丰富社会知识经验；（7）其他经认为适当者。

三、调解员的知识更新

俗话说，活到老，学到老。调解是一门鲜活且不断发展的学科，对于调解员而言，仅凭借老经验是不够的，在职培训和继续教育十分重要。

奥地利《民事案件调解员培训法》规定，获得资格的调解员必须每五年进行50小时的训练，才能在司法部的委任名单上保留资格。

荷兰最重要的ADR组织“荷兰调解协会”规定，在该协会注册的调解员，必须每年修满12个继续教育学分，并指出继续教育的目的在于保证调解员的知识和技巧能够得以保持和拓展。

作为一名法律人，笔者非常注意知识更新，途径之一就是关注一些法律知识微信公众号，每天利用碎片化时间，进行短促学习，或将自己觉得可能有用的知识收藏，闲暇时翻出学习，正是通过这种见缝插针式的学习，完成知识更新及管理。这本《调解员培训简明教程》，至今已经更新到第 5 版，每次修订都会增加一些新的内容，这些新增内容，是多元化纠纷解决机制的最新发展，也是笔者知识的更新点，或是最新的调解心得体验。

课堂练习题

1.（自由发言）用五分钟时间介绍自己如果成为一名调解员的优势与不足。

2.（自由发言）三人行，必有我师，你是如何在调解过程中，从其他调解员身上不断地总结或吸收调解经验的？

第二节 中立与公正

作为一名调解员，应该有怎样的职业伦理？目前中国大陆尚未制定调解员职业伦理标准。在本节中，我们将借鉴外国调解员行为示范准则，结合中国的调解实际，进行阐述。

调解是在中立第三方主持下，各方当事人协商解决纠纷的方式。因此，“中立”对于调解具有核心性的意义和价值。中立性作为调解员行为规范的基础，为世界各国或地区的调解员职业伦理和行为准则所确认，调解员的中立性一旦丧失，如同天平失去砝码一样，不仅调解的公正性受到怀疑，调解的正当性也将遭到根本性颠覆。

一、调解员中立性的制度保障

（一）自主决定：将决定权交给当事人

在调解过程中，调解员中立的一个重要表现是：重大事项和实质进程是由当事人而不是调解员最终决定的。

首先是在调解员选择上的自主决定。在大部分国家，当事人是无法选择审理自己案件的法官的，但如同挑选仲裁员一样，当事人可以选择自己中意的调解机构或调解员。

2008 年，在北京举行的多元纠纷解决国际研讨会中，来自美国纽约州法院的 ADR 运行事务协调专员丹尼尔·魏兹先生介绍了当事人选择调解员的情况：

在许多法院都有这样一个名册，名册上是当地调解员的名字、相片、他们所擅长的领域、成功个案的介绍和收费标准，当然，也有一些调解员是不收费的，他们是志愿者或隶属于某个公益性组织。当事人可以从这个名册中挑选自己喜欢的调解员，当然，挑选必须双方达成一致意见。这种选定必须在 5 天内完成，如果在 5 天内他们不喜欢这个调解员的话，可以重新选择，由法院书记员或 ADR 运行事务协调专员对调解员是否存在利益冲突进行审查。一般而言，调解的前 4 个小时是免费的，如果超过 4 个小时，当事人必须选择放弃调解或收费继续调解。

2009 年，最高人民法院司法考察团到英国进行调解制度的考察，负责接待的英国司法部官员介绍了英国的情况：

在英国，法院的立案部门有一个调解员的名册，名册上的调解员都是英国调解协会的会员，经过系统的调解员课程培训并取得相应的资格。当事人起诉到法院时，法院的书记员在对案件进行中立评估后，一般会建议当事人采取调解或其他诉讼替代的模式调解纠纷，名册上各种调解员都有，收费的、不收费的，或者擅长某个领域的，都可以通过浏览调解员名册来选择调解员。调解员名册也被放在互联网上，如同到医院，你可以自由选择一名医生来解决你的问题。当然，口碑好和信誉度高的调解员容易被挑中，如同好医生受青睐一样。一些公益组织还建立一些热线电话，接线员除给打电话的人一些及时帮助外，对于纠纷，也会引导他们通过调解解决。

其次是在当事人程序安排上的自主决定，其中包括调解的时间、地点、调解的方式等，调解员必须尊重当事人的选择。

在诉讼或仲裁中，开庭的时间、地点都是由法庭或仲裁庭安排决定的，当事人只能被动接受，如当事人不能按期出庭参加诉讼或仲裁，就要承担某种不利的后果（如“裁定视为撤诉”或“缺席审理”）。而在调解中，这些是由当事人自主决定的，调解员只能通过协商、沟通、说服的方式促成各方当事人合意，当事人无法达成合意的，不影响当事人的权利。

调解的自主决定权的核心是当事人对调解最终结果的自主性。在大部分的调解中，调解员会给纠纷双方提出建议性纠纷解决方案，促成调解达成。但就调解员职业伦理而言，调解员不得基于追求更高的调解成功率、利己主义动机、更多的收费或外部压力，而在调解过程中削弱任何一方当事人的自由决定权。也就是说，当事人对于是否接受调解协议的决定，必须是在其自愿，未被欺诈、胁迫的状态下做出的。

（二）偏见的拔除

康德说过：每每最让我感动的事，是头顶璀璨的星空和内心的道德准则。司法的真谛在于正义的分配与运送，赋予法官力量的，并不是其手中的法槌和背后的国家强制力，而是其“秉承对法律最诚挚的理解，根据法律规则尽可能复原事实的真相，回应着自己内心中道德准则的呼唤”而作出判决。调解员某个意义上也是不穿法袍的法官，也在尽可能修复被纠纷所破坏的某个社会关系，其内心的公正十分重要。

这种内心修为主要体现在“拔除内心的偏见”。

人生而平等，却活在无所不在的偏见中。偏见如人内心中的雾霾，人们不承认它的存在，它却在不知不觉中飘来，遮蔽视野，影响判断力。

偏见的产生是多方面的，许多时候如杂草的种子，因为某种机缘飘落在心中，不觉中生根发芽，比如：

在某些人心目中，某个省的人就是骗子的代名词，而某个地方盛产黑社会。在装修新房的时候，来自某个省的装修师傅偷工减料，而且用了不环保的产品，导致房屋的甲醛严重超标，几个月无法入住，为了这件事，某个人还和太太吵了一架，事后对那个省份的人严重不信任。

调解员的偏见也可能因为下列原因而产生：

调解员是西班牙队的粉丝，而当事人甲是意大利队的铁杆球迷，在调解的前一天晚上，意大利队把西班牙队打了个落花流水，调解员很懊恼，而调解开始前，甲竟然在调解员面前大谈昨晚的比赛，眉飞色舞且不顾调解员不耐烦的反应。

当事人乙竟然在调解员面前随地吐痰，未经同意就当面点燃一根烟，随意地将烟灰弹在地板上。

人是情感动物，可能互相喜欢，也可能相互厌恶。但作为一名调解员，可以不喜欢一方当事人的行为，但必须警惕不能让这种厌恶或者偏见影响判断力，更不能因为对某方当事人有好感而偏袒他。

解决的办法是，最好能拔除内心的偏见，以平等之心对待当事人；如若不能，至少不要让偏见影响判断，导致偏袒行事；如果连第二点都做不到，应该及时主动退出调解，同时也建议进行内心调整或进行调解员职业伦理的再培训。

二、公正：职业公信的正能量源

关键句：在调解过程中，调解员没有个人利益在其中。

法谚有云：每个人不可能当自己的法官。也就是说，即使是圣人，碰到与自己的利益存有利害关系的纠纷，也是很难居中裁判的。解决的唯一办法，就是将自己从困局中解放出来，那就是回避制度。

实际上只是虚拟故事的《陈州放粮》中，包拯大义灭亲，用虎头铡斩决侄儿包勉，内心却面临亲情冲突及日后无颜面对嫂娘的困境，故事意在彰显包拯作为法官的大义灭亲，事实上已经将包拯推向道德的华容道，难以脱身。或者说，歌颂这种痛苦本身也是有悖人性的。

现代法治从制度设计上，根本解决了这种两难困扰，那就是裁判者或调停者的回避制度。

《最高人民法院关于人民法院特邀调解的规定》第 15 条规定，特邀调解员有下列情形之一的，当事人有权申请回避：

（1）是一方当事人或者其代理人近亲属的；

（2）与纠纷有利害关系的；

（3）与纠纷当事人、代理人有其他关系，可能影响公正调解的。

特邀调解员有上述情形的，应当自行回避；但是双方当事人同意由该调解员调解的除外。

特邀调解员的回避由特邀调解组织或者人民法院决定。

1. 调解员不应与争议标的存在直接、间接、可能或存在合理怀疑的利害关系，或者与当事人及其近亲属间存在足以引起第三人疑虑的，现存的或过往的私人或职业关系。

调解员 M 在调解一起借款纠纷时发现，欠款一方的当事人乙是位个体工商户，开了一家专卖店，而店面是调解员 M 名下的不动产。

此案调解员 M 是否构成利益冲突呢？答案是肯定的。租赁店面虽不是争议标的物，但如若调解不能成功，甲到法院起诉乙，乙的商店可能被法院采取保全措施，或者乙归还甲的借款后，其支付能力的下降，可能导致无力支付或延期支付租金。由此可判断调解员 M 与纠纷的解决结果间形成利益冲突。另外一个必须考虑的因素是：M 与乙间长期存在租赁关系，往来在所难免，即使双方并无交情，也不致影响调解员之中立与公正，但瓜田李下毕竟容易心存疑惑，即使甲方豁达表示接受调解，但心存疑虑，若调解过程中稍有误会，则关系迅速恶化且调解员容易遭到指责。所以，调解员 M 主动退出调解是明智的。

2. 在调解准备阶段，询问是否存在、可能存在的回避事由，是必需的。

在诉讼中，程序法规定法官在庭审开始时应当询问是否存在足以影响案件公正处理的回避事由，得到否定的回答后程序继续，若当事人当庭或在庭审过程中提出回避申请，则法庭应休庭并由诉讼法规定的主体来决定是否应回避。

因此，在调解的开始，开场白阶段应该有这样的说明：

“按照调解员的职业伦理，调解员或其近亲属在与案件存在利益冲突或存在可能影响调解员中立地位的情形时，调解员应自动或依当事人要求退出调解；调解员应及时披露其所知的可能对其公正性产生疑虑的现存的或潜在的利害关系，由当事人各方决定是否应继续调解；如果这一事实是在调解开始后发现的，调解员也有义务尽快告知当事人。”

3. 调解员应当及时全面披露其所知晓的可能构成利益冲突的事由，调解员披露相关情况后，经各方当事人同意，可以继续进行调解。

比如一位10岁女孩在学校中受伤，家长认为学校存在安全管理上的瑕疵，故提起诉讼，法院将纠纷交给调解员L调解。

调解员L：今天我们召集进行第一次公共会议，在调解开始前，按照调解员行为准则，我必须说明的是，我的女儿小L与这个案件的受害人一样，同样就读于这个学校，而我同时也是学校家长委员会的代表，我被推举担任这个职业已经有两年时间，也经常参与学校的一些公共事务的讨论。如果你们认为此事项足以影响调解的中立性，希望你们及时提出，我们也会按你们的期望更换调解员。

学校代表：这是哪里的话。您是个公道的人，家长委员会代表是个荣誉职位，这几年您为学校的发展提了不少可行性意见，我们相信您的公心。

学生家长：我上次开家长会时接触过您，我相信您是个公正的人。

调解员L：既然这样，那我就继续调解吧，也希望你们能支持我的工作，我们一起合作尽可能拿出一个大家都满意的解决方案。

4. 如果调解员的利益冲突可能被合理地认为削弱了调解的公正性，不管当事人是否提出调解员退出调解，调解员均应主动退出调解。

比如我们上面提到的调解员M的案件，即使当事人双方都同意由M继续调解，但基于对案件利害冲突的评估，调解员M主动退出调解为宜。

5. 无论如何，调解员不应从调解过程中获取的信息或建立的信任感中获益。比如：

调解结束后，当事人甲公司的总经理对调解员K的法律素养、调解技巧、敬业精神都留下了深刻的印象，当他了解到调解员K同时也是一位执业律师时，他找到了K，希望聘请K为公司的法律顾问。请问，K是否应该接受这份聘请？

肯定意见：Why not？甲公司希望聘请K作为公司的法律顾问，是通过接触了解到K的工作能力，并不是K在调解中给甲公司什么好处，可以接受。

否定意见：K不能接受这份工作，否则会影响调解员的职业形象。

我们的意见：哪怕身正不怕影子斜，哪怕在之前的调解中，K并没有给予甲公司私下照顾，但若K在调解结束后被甲公司聘任为公司法律顾问。公众看到的，往往只能是事物的表面结果，而无暇去探究真相到底如何。在这一事例中，公众看到的是“K在调解结束后被甲公司聘任为公司法律顾问”这一事实，而聘任的考量是缘于K的业务能力，还是一种利益照顾后的酬谢，无法判断。第三人没有义务以最大的善意来揣测或评价这一事件，相反，事件自身可能成为某种流言或恶意揣测的导火线或育菌床，其发酵的结果必将导致当事人和公众对调解中立性、公正性的合理怀疑。

这种合理怀疑的毒素会蔓延，且深植于人的内心判断，形成偏见，这种偏见很难拔除，损耗的是职业的公信力。同舟需共济，一个职业口碑的建立，除每一个从业人员的兢兢业业，克己奉公外，还包含牺牲，这种牺牲包括对利益的放弃，哪怕从放弃者的角度而言，利益的取得光明磊落，但利益的取得可能同时给职业的中立公信带来怀疑的阴影，也应自觉放弃。

综之，我们认为调解员K不宜接受甲公司的聘任。

调解中，调解员Z发现当事人丁想出售一套名下房产筹款履行债务，他想到自己的妻弟丙正想买房子，于是，他联系丙丁两人见了面，并促成两人就房屋成交价款达成一致。

一种意见：一个想买一个想卖，居间介绍，也未收费牟利，不挺好的，难不成调解员Z这样做，好心还受指责？

我们的意见：是的，调解员Z从一开始就应该避免这样做。即使他内心坦荡无私，即使他并未从中获利，即使房产的成功交易，提升了当事人的偿债能力，并积极促成了纠纷解决。但无论如何，我们认为，调解员Z的行为已经违反了职业行为道德准则。

首先，调解员Z的行为，利用了在调解过程中所获悉的信息或商业机会；其次，他参与妻弟与丁间就房屋交易价款的价格磋商。合理的怀疑是：丁会不会为了让调解员偏向己方，而在房屋交易价格上有所让步，取悦调解员或变相完成利益输送。

在合理怀疑的阴影下，即使对天盟誓都无法让人完全信服，最好的方式就是完全的、绝对的利益隔离，或许有些不近人情。但制度就是最好的防火墙、防腐剂。

关键句：当事人给调解员奉上一束玫瑰时，调解员能否接受当事人的礼物？

答案当然是不行。但凡事不可绝对。“水至清则无鱼，人至察则无徒”，人不可能活在真空中，与法官衔命审判不一样的是，调解员的角色职能更多的是居中调停和第三方斡旋，成功与否，无法挟国家强制力当后盾，更多依靠调解员的人格魅力、纠纷解决的经验与智慧和当事人的信赖。很难想象，一位在当事人眼中冷若冰霜、拒人于千里之外、不食人间烟火的调解员能与当事人建立良好关系。

美国律师协会、美国仲裁协会争议解决协会于2005年8月联合颁布的《调解员行为示范准则》中对此类行为的合理处置作出指引：“调解员不应馈赠或接受礼物、好处、贷款或其他可能引起对调解员公正性产生实际或想象的质疑的有价值的物品。”但同时规定，“调解员可以接受或者给予能够促进调解进行或尊重文化习惯的很小价值的礼物或附带性的物品或服务，只要这样的行为不会导致当事人对调解员公正性产生实际或想象的质疑”。

2009年，最高人民法院赴欧盟司法调解考察团在德国柏林地方法院参观调解室时，发现调解室桌子上有一盘曲奇饼干。德国法官解说，这是担任调解员的法官从家中带过来的，自己动手做的，免费提供。这种“共乐乐”氛围的营建，有利于调解的进行，当事人也不会因此产生与公正性有关联的质疑，常理之内的礼物互送、食物共享，可为、可接受。

再比如，在调解时，当事人甲带了一束花进来，说是要送给调解员的，你应该怎么处理？

调解员M：我在想，坏了，当事人乙也在场，他肯定心里会犯嘀咕，甲不是和调解员有什么关系，无事献殷勤，想博好感啊？为了显示我的公正性，我拒绝收下花，并将甲批评了几句。

调解员 Y：不，不，我不这样认为，如果断然拒绝，不仅甲会觉得我不近人情，乙也会觉得我是不是有些反应过度，不利于调解的进行。我应该这样做：高兴地收下花，转身向乙说，你看，这花多漂亮，甲一大早地给我们送花，真是个调解成功的好兆头！（将脸转向书记员）小李，你去找个瓶子，将这花养起来，装饰装饰这调解室。

当然，某种行为是否可能引发当事人对调解公正性的负面联想，应该放在一定的现实场景中，结合当事人的日常生活习惯认知，进行评判。比如在乡村调解时，调解员上门调解，碰上主人家正在办流水席，添双筷子加个坐，一块儿吃，是符合风土人情的。但在陌生人社会，调解员若这么干的话，恐怕投诉很快就上门了。

世间百态，无法一语以贯之，更无法罗列穷尽。事关职业伦理与当事人信任，临事如何决断，其中关键种种，应审时度势、换位思考、克己慎独、以公心换信任，诚然。

讨论题

谈谈你为什么选择从事调解员这一职业，你觉得调解员这一职业需要怎样的个人修养？

（课堂提问与自由发言）

第三节　调解员的保密义务

一、调解过程中信息保密

调解过程中，调解员居中主持，如同在一个较高位置上的观察哨兵，其掌握的信息较多。在私密性会谈中，从一方所获得的信息是否合适透露给另一方当事人，应事先征求信息方的意见。如第三章第二节所提到的两段对话：

对话之一：

调解员：我可以将你们这个决定告诉乙公司吗？

甲公司谈判代表：不，我们不希望乙公司认为我们急于解决纠纷而作让步。我只希望您能够将调解的结果朝这一方向推进。

对话之二：

调解员：你们的意见我可以转告甲公司吗？

乙公司谈判代表：可以，同时你也可以告诉他们，我公司的态度非常坚决，没有任何退让的余地。

当然，评判一个信息是否属于保密信息也是个技术活，一个信息是否应归属于保密信息，可以根据以下两个标准进行评判：

1. 信息被透露给另外一方当事人后，信息方当事人的实际利益会受到影响。

2. 信息在被披露后，将影响调解员的中立地位。

保密义务的另外一个规定是：当调解员将调解案例作为教学、研究、评估样本时，应当进行技术处理，隐去当事人的自然情况。

二、调解保密性的制度设计

1. 调解员信息披露义务的免除

（1）对调解后进行的审判，调解员不应作出评估、评价、建议、裁决或披露其他与调解有关的信息。

在制度设计上，无论是审判过程中的调解还是诉讼外的调解，大部分的国家都立法规定法官与调解员职能上的分离，也就是所谓“调的不判、判的不调”，“调解的就专业做调解，审判的就专心搞审判”。当然，在中国，目前法官在审判过程中同步主持调解的现象还十分普遍，要做到“调审制度分离”还需要一个过程。

国外的调解保密制度中，如果调解员调解失败，他只需要草拟一个简单的“调解终结书”，对调解过程中了解到的信息必须保持沉默，也不负有向审案法官报告或沟通的义务。

这个制度设计的出发点是：调解是一种当事人自主选择的纠纷解决体系，它与诉讼的许多规则是不同的。如果允许调解员将调解过程中的信息向法官披露的话，将影响法官对于案件事实的内心确信，造成庭审结果的倾斜，所以在调解员与法官之间必须设立“防火墙”机制隔离信息。

当然，这一观念是否能为中国式调解所接受并最终制度化，还有一个过程。

（2）作证义务的特免。

日本《刑事诉讼法》第149条规定："医师、牙科医生、助产士、护士、律师、代办人、公证人、宗教在职人员或担任过这些职务的人，对由于受业务上委托而得知的有关于他人秘密的事项，可以拒绝作证。"

德国《刑事诉讼法典》第53条规定："律师、专利代理人、财会师、宣过誓的查账员、税务顾问和税务全权代表、医生、牙科医生、药剂师、助产士，对于在行使用权职务时因信赖被告知或知悉的事项，有权拒绝作证。"

这一制度被称为"作证义务特免"，也就是说，如果你是基于职业的信赖关系，对于因信赖被告知或知悉的事项，当法庭传召你出庭出证时，你可以引用这一条款要求"作证义务的特免"。

我国的民事诉讼法虽然尚未明确建立调解员作证义务特免制度，但最高人民法院审判委员会在2016年讨论通过的《最高人民法院关于人民法院特邀调解的规定》（法释［2016］14号）第16条，第一次明确规定了调解员不得担任后续诉讼程序的人民陪审员、诉讼代理人、证人、鉴定人及翻译人员，其为保密义务所设定的禁止范围，比国外更广泛，更符合中国国情。①

调解员也属于这一范畴，因为调解员获悉当事人的秘密，也是基于调解的职业信赖，所以调解员也享有法律规定的"作证义

① 《最高人民法院关于人民法院特邀调解的规定》第16条：特邀调解员不得在后续的诉讼程序中担任该案的人民陪审员、诉讼代理人、证人、鉴定人及翻译人员等。

务特免”。当然，这种特免权不是绝对的，也有例外情形，我们在下面将具体展开论述。

2. 证据效力的排除

[**案例** 5.3.1] 张老三与李老四是一对私交数十年的好朋友，双方在经济周转不开时经常相互告贷，一次，张老三向李老四借了5万元并写下借条。逾数月，张老三拿了2万元还给李老四，李老四说，我手头没带笔，没办法给你写收条，这样吧，我回头在借条上备注一下就行了。张老三同意，但李老四回家后忘记在借条上备注了。一个月后，李老四因车祸死亡，其子李小根一年后在整理父亲遗物时发现借条，持借条向张老三索还，张老三主张借款只余3万元，李小根不认同。于是李老四之妻及李小根向法院起诉张老三，请求还款。

在这个案件的法官调解过程中，李老四之妻王翠花提到，有一天李老四回家，手中拿了2万元钱，说是张老三还的，但之后也没见到这笔钱。李小根则认为，张老三与李老四双方钱款往来较多，即使证明张老三曾经还过2万元，也不能证明就是这5万元还款的一部分，调解宣告失败。

那么，如果案件进入诉讼，被告张老三能不能向法庭申请要求王翠花就2万元还款出庭作证呢？答案是不行。因为张老三是在调解过程中获悉这个信息的，按保密原则的规定，张老三不得利用这个信息作为对另一方不利的证据。

退一步讲，如果王翠花与李小根在调解中表示：

“这已经还的款2万元我们认了，但这笔款你借条上说明是借一年就行，可李老四走后，你却从不提这笔款的归还，要不是我们找到借条，是不是这笔债就黄了？无论如何，得算点利息。”

双方在利息的计算上争执不下，调解失败。

在之后的法庭审理中，张老三提出调解过程中王翠花与李小根已经承认还款事实的存在，构成民事证据规则上的自认，请求法庭确定欠款数额是3万元而不是5万元。那么，法庭是否支持张老三呢？

答案是否定的。依据是《最高人民法院关于民事诉讼证据的若干规定》（2008）第67条规定：“在诉讼中，当事人为达成调解协议或者和解目的而作出妥协所涉及的对案件事实的认可，不得在其后的诉讼中作为对其不利的证据。”

《最高人民法院关于人民法院特邀调解的规定》第22条规定：“在调解过程中，当事人为达成调解协议书作出妥协而认可的事实，不得在诉讼程序中作为对其不利的根据，但当事人均同意的除外。”

三、保密原则的放弃与例外情形

（一）保密原则的放弃

保密原则可以由当事人在调解过程中以书面或口头同意的方式放弃，如果是口头同意的，必须以笔录的形式予以记载。

（二）保密原则的例外

1. 法律明确规定过程及最终决定必须向公众公开的调解。

［**案例**5.3.2］甲公司因经营不善进入企业破产程序，管理人在清产核资时发现甲公司在破产申请前6个月与乙、丙两家公

司就双方的合同纠纷达成调解协议，债权人会议除要求甲公司提交案件相关材料外，还要求当时负责处理这起案件业务经营的李某向到会管理人及债权人会议说明调解谈判的细节，甲公司援引调解保密的原则拒绝这一要求。

甲公司的拒绝是没有道理的。依照《中华人民共和国企业破产法》第31条规定："人民法院受理破产申请前一年内，涉及债务人财产的下列行为，管理人有权请求人民法院予以撤销：（一）无偿转让财产的；（二）以明显不合理的价格进行交易的；（三）对没有财产担保的债务提供财产担保的；（四）对未到期的债务提前清偿的；（五）放弃债权的。"

也就是说，甲公司进入破产程序之后，其破产申请前一年的民商事法律行为是必须接受以怀疑目光所进行的"扫描"的，因为许多企业在经营不善后，"秋水寒意鸭先知"，可能与第三人或部分债权人串通，转移企业财产或做出"有利于部分债权人却损害其他债权人利益"的行为，因此，法律进行了"撤销权"的制度设计。在上面的案例中，"全体债权人的合法权益"与"调解的保密"两个法益相比较，大多数人利益或公共利益的法益一般要大于个体的法益，更何况在企业破产程序中，破产企业的人格权是受到限制的。

2. 在调解过程中威胁要侵犯某人身体或暴力犯罪的陈述。

［**案例**5.3.3］人民调解员甲在调解李某与其妻的家庭纠纷中发现，李某情绪容易激动，有偏执性人格的特征。在调解过程中，李某多次表示，如果妻子一直坚持离婚，大不了大家都

别活了。而且李某说，他已经买好了“毒鼠强”，准备一家人同归于尽。

李某的暴力威胁可能只是一种恐吓，也有可能已经进入犯罪预备阶段，李某的妻子及孩子正处于一种“即刻的可能的危险”状态，无疑，这种法益在权衡中是大于调解的保密原则的。调解员正确的反应是：一方面，劝导李某不要做出过激的行为；另一方面，必须及时向李某的妻子提出警示，或者报警要求警察介入调解或由警察对李某进行某种形式的告诫。

3. 利用调解的保密原则掩盖犯罪的事实、犯罪预备或正在进行的犯罪。

[**案例**5.3.4] 基督教的教堂一般设有忏悔室，由神父听取教徒的忏悔。一日，汤姆森神父的教堂中来了一位将自己脸部裹得严严实实的人，要求忏悔，在明确忏悔内容受到严格保密的规定后，那人吐露了一个惊人大秘密：他是一起入室强奸杀人案的真正凶手。被法庭判决有罪且即将处决的人是无辜的。凶手不想自首却受不了良心的惩罚，于是跑到教堂忏悔。

这时神父汤姆森面临着一个两难的选择。教会要求他对在忏悔室中所听到的一切内容保密，因为在教会看来，那是罪人向神的忏悔并乞求赦免，神父只是个聆听者。无论神父听到些什么，他都不能向第三方泄露，否则教会将信誉扫地。但与此同时，一位无辜的人正在狱中受磨难而且可能被错杀，良知让汤姆森神父无法保持沉默，而且，从声音中他认出忏悔者就是水管修理工罗森。在劝导忏悔者向警察自首无效之后，神父给警察局打了电话，告诉他们抓错人了。后来，教会以“行为不检”为由开除了汤姆森神父的教职。

这个案例很好地体现了美国人的法律价值观。也就是，他们为了保证某种规则的运行而可以承担牺牲部分正义的代价，当然，对于汤姆森神父的行为，美国公众有些表示支持，有些表示反对。但汤姆森神父表示，自己非常清楚，教职所承担的保密义务是不允许自己举报忏悔者的，但自己这样做是听从自己良知的召唤，也准备承担因此而必须付出的代价，即使教会没有开除他，他自己也会主动提出辞职。

虽然汤姆森神父表示他不后悔自己的选择，也认为自己被开除教职是弥补检举行为给教堂及忏悔制度所带来的伤害。但是，另外一种意见认为神父其实可以采取一种更柔性的方式：他可以通过匿名电话的方式，告诉警察他们抓错了人，甚至可以根据真凶提供的一些细节向警察提供抓错人的暗示或证据，努力促成无辜者的获释。

但一致的意见是，神父不能直接举报真凶，因为破案是警察的事，神父由于职业的原因获取了这个秘密，必须受到保密协议的拘束。同样受到拘束的是律师，如果在辩护过程中，一位被告人对他的律师说：“律师，其实我还杀了另外一个人，我把她的尸体埋在了河边那片树林里。”在委托期间，律师是没有义务为警察或检察官提供不利于自己当事人的信息的。如果他这样做了，就面临着被吊销律师执照的风险。

这一理念不容易为中国人所接受，因为长期以来，中国人所接受的教育是，每一个公民都有和犯罪行为做斗争的义务。2012

年《中华人民共和国刑事诉讼法》（以下简称《刑事诉讼法》）第60条第1款规定："凡是知道案件情况的人，都有作证的义务。"《民事诉讼法》第72条规定："凡是知道案件情况的单位和个人，都有义务出庭作证……"

也就是说，在中国原有的法律价值观中，人人都有和犯罪分子做斗争的义务，凡是知道案件情况的人，都有作证的义务。哪怕犯罪分子是自己的亲人，也必须"大义灭亲"指控他，否则就有"包庇"的嫌疑。

而与此同时，中国古代"亲亲相为隐"的司法理念，却被现代刑法的人文价值观所吸收，许多国家的立法中规定了"近亲属作证义务的特免"，比如某人在现场目睹了自己的兄弟杀人，当法庭传召他上庭作证时，他不能说假话（宣誓后作伪证可以构成伪证罪），亲情又让他不愿意指证自己的亲人，这时候，法律规定的"作证义务特免"可以避免这种纠结。

2012年《刑事诉讼法》在一定程度上吸收了这种理念，该法第188条第1款规定："经人民法院通知，证人没有正当理由不出庭作证的，人民法院可以强制其到庭，但是被告人的配偶、父母、子女除外。"

［**案例**5.3.5］在调解过程中，当事人张虎对调解员说："我承认我这人是有些贪小便宜的毛病。瞧，我骑的那单车，就是昨天在商场门口顺手牵羊偷的。"

在上面的案例中，当事人张虎在无意中告诉了调解员一个信息，他所骑的自行车是偷来的。就法律评价而言，张虎的行为一般不构成盗窃罪（盗窃数额不足以追究其刑事责任），但也是违反治安处罚法的行为，调解员是否有义务找“110”报案将张虎绳之以法呢?

答案是否定的。张虎虽然实施了盗窃行为，调解员也可以对其进行普法，指出其行为的违法性，促其悔改向善，但其违法行为，对社会公共安全、其他公民的生命和财产安全，并不存在“即刻的重大的危险”，即首先，若不采取紧急的防范应对措施，则危险可能马上会发生或到来。其次，即将到来的危险必须是重大的，可能造成公民生命安全、人体重大健康和重大财产方面的损失。显然，盗窃一辆自行车未被发现，未受到法律惩罚，其中的法益不足以让调解员突破义务原则成为“告密者”。

那么，必须是怎样的违法犯罪行为才能让调解员突破“保密义务”这个防护罩呢？这个度如何把握呢？一般掌握的原则是：

一是当事人行为的社会危害性较大。犯罪形态带有较严重的暴力性，侵犯较大的法益。

二是犯罪行为正处于预备或实施阶段，对社会或其他善良公民有着即刻的现实的危险。

三是如果违法犯罪行为不被检举，严重社会危害性将持续。

4. 公共利益保护，如虐待、失职、遗弃或剥削。

保密原则被突破的另外一个例外情形是，调解员了解的信息涉及公共利益保护，且除调解员违背保密原则外没有其他救济的渠道。比如：

［**案例** 5.3.6］在一起离婚案件的调解过程中，女方突然告诉调解员，离婚的原因是，男方存在严重的暴力倾向，经常无缘

无故地殴打她，且曾经对只有10岁的女儿实施性侵犯。调解员建议女方向警察报案，但女方有诸多顾虑，坚决不肯报警。

在这个案件中，调解员是应该保持沉默还是自行报警呢？笔者认为，调解员应该从受害者的利益出发做出决断。他要做的并不是鲁莽地报警，而应该在综合评估后，首先建议女方及其女儿脱离男方的控制，其次建议受害者寻找妇联或其他社会公益组织的帮助，如果报警势在必行，在这种情况下，可以视为保密条款的例外情形。

[**案例**5.3.7] 在一起校园安全的人身损害赔偿中，学校告诉调解员，他们准备接受学生家长提出的赔偿请求额，调解达成了。但是，调解员发现，这次不幸事故的发生，在于学校为了管理上的方便，将消防通道的一侧边门封死了，而且，学校的楼梯也存在台阶设计过高的问题。调解员知道学校并不打算投入资金对此进行改造。让调解员纠结的是：缺陷的存在可能导致下一次不幸事件的发生，但到相关部门举报学校可能违反调解员的保密义务。

在这种情况下，调解员应该首先和学校进行沟通，告诉他们作为一个承担公共义务的部门，存在缺陷却不整改意味着某种玩忽职守或渎职，公共利益保护特别是涉及多数未成年人权益保护的公共利益，可以构成调解员保密义务的例外情形。也就是说，当调解员提出建议后学校仍置若罔闻，调解员可以向相关主管部门举报而不受保密义务的拘束。

思考题

（自由发言）举一些例子，谈谈你对调解保密原则例外情形的认识。

第六章

DI LIU ZHANG

他山之石：域外调解制度之镜鉴

第一节　外国当事人为什么选择调解

有人说，美国是生活在轮子上的国家，因为美国人出门就得开车，没有驾照，可能意味着在美国无法生活。也有人说，美国是个律师国家，美国是世界上人均拥有律师数量最多的国家，社会上已经有大量的律师，法学院培养着大量的准律师，法学院的学费，照样昂贵，可优秀的学生，趋之若鹜。

美国人编了许多调侃律师的段子。在这个动不动就打官司的国度，律师对好讼之风起了推波助澜的作用，他们最喜欢用的口头禅是："告那家伙！"很少有美国人喜欢律师，他们私下称自己的律师为鲨鱼，意即"吃人不吐骨头"，另外，碰上纠纷，第一个念头，就是赶紧给律师打电话。

可以说美国是法治国家，但另一代价就是国民诉讼成风，以人均案件数计算，美国国民的侵权诉讼至少高出英国10倍，产品责任诉讼则高出近100倍。美国人花在人身伤害诉讼上的律师费是其他发达国家的5倍。从好的角度解读，起诉似乎代表着当事人勇于通过诉讼维护自身合法权益，但事实是，在大部分的诉讼案件中，牵引原告心思的，并不是对公平正义的渴望，而是对诉讼利益的追求。当然，即使是胜诉案件，作为适格原告的当事人也会很快发现，通过诉讼所获得的利益，其中的相当部分，转化为委托律师的胜诉酬金，这在诉讼委托合同中早已明确约定。

只有小部分可以落入原告口袋，在美国的侵权诉讼中，原告得到法院判决支持的赔偿款项中，原告一般只能获得赔偿数额15%的收益。败诉方被对方律师放了血，还要负担案件受理费和己方律师费，均是成本，还好羊毛出在羊身上，可以通过成本分摊，转嫁到其他消费者身上，美国烟草诉讼中，获得数千万惩罚性损害赔偿的当事人，很快在肺癌中死去，烟草公司被判令巨额民事赔偿，通过价格系统，分摊到每一根香烟的消费者身上。

另外，法律服务是社会秩序的有机组成部分，但滥诉提升了社会交易成本，造成司法系统超负荷运转。

1981年，美国联邦最高法院首席大法官沃仑·波克访问中国。在上海，他旁听了一起由人民调解委员会主持的纠纷调解，这种社区老太“专断家务事”的调解方式给来自大洋彼岸的法官留下了深刻印象，也引起他的思考。

回国后，沃仑·波克法官开始推动纠纷非诉讼解决（即ADR运动），1998年，美国国会通过《ADR法》（*the ADR Act of 1998*），规定每一联邦地区法院都要设计并实施ADR计划。试点过程中，法院在纠纷解决中大量使用调解员，这些调解员部分是执业多年的诉讼律师，在谈判和纠纷解决方面，有着丰富的经验。

实践证明，美国诉讼替代的计划是成功的。2017年，一位访问学者从美国回国，到浙江参访在线多元纠纷解决平台的建设，她带回来的最新信息是，美国加利福尼亚州，这个曾经被诉讼爆炸所困扰，司法系统长期超负荷运行面临停摆，当事人无法忍受诉讼拖延之苦，通过租赁退休法官解决纠纷的州，竟然因诉讼案源不足，司法部门决定关闭两个商事审判法庭。这一匪夷所思的现象，竟然是发生在加利福尼亚州经济高速发展、人口流入增加、经济活跃的背景下。答案并不是纠纷少了，而是更多了，但民商事纠纷更多地通过调解、仲裁等非诉讼的方式得以有效解决，当事人一般不选择诉讼解决，一是诉讼成本高，二是诉讼周期长，三是与诉讼相比，非诉讼方式更能有效、实质、全面解决纠纷。

回到前面的问题，如何从制度设计上，让有着好讼传统的国民自愿选择调解等诉讼替代方式解决纠纷呢？

首先当然是强制调解（或者说是调解前置）的法律制度设计。

并不是所有的纠纷都适合调解，比如身份权案件，就不能调解。小张主张自己是老张的非婚生子女，即使老张确认了，双方也不能通过签订调解协议，在协议中确定当事人间父母子女关系这一法律事实，而应通过诉讼，在诉讼中委托司法鉴定，通过司法鉴定结论，证明事实，依法判决。

但是大部分的民商事案件是适合调解的，只要被告找得到，当事人有调解的意愿，那么就是可以调解的。

其次是立法规定“强制调解制度”。“强制调解制度”是对“调解需当事人合意方可进行”这一传统理念的突破。这种传统理念认为，法院不得拒绝裁判，除当事人无诉权外，法院不得拒绝当事人起诉，调解需经当事人同意，人民法院可以引导当事人调解，如若当事人明确拒绝调解，则不得强制。但“强制调解制度”则认为，纠纷解决应评估成本，若某类案件，调解系最经济适用的纠纷解决模式，则不影响当事人权利之实现，可以立法要求当事人在提出起诉前须经调解程序，纠纷未经调解的，当事人径行起诉，法院不得受理。这种立法对当事人诉权行使的限制，即为“强制调解制度”。域外越来越多的国家从立法层面确立了“强制调解制度”，如英美法系的英国和大陆法系的德国。

中国大陆至今未能确立“强制调解制度”，历次民事诉讼法修订，法学专家提出相关建议，均因存在争议未能最终通过。

我国民事诉讼法规定的“先行调解”的制度与“诉前调解强制”制度还是存在区别的。《民事诉讼法》第 122 条规定：“当事人起诉到人民法院的民事纠纷，适宜调解的，先行调解，但当事人拒绝调解的除外。”这一条款，就其表意及效力层面，属倡导性条款，即人民法院对适合调解的民事纠纷，应鼓励、引导当事人选择调解解决纠纷，当事人不愿意的，不强制。

另外，《最高人民法院关于适用简易程序审理民事案件的若干规定》第 14 条规定，适用简易程序审理民事案件时，对婚姻、家事、继承、劳务合同纠纷等诉讼标的额较小、法律关系较简单的纠纷，在开庭审理前，应当先行调解，但是根据案件的性质和当事人的实际情况不能调解或者没有调解必要的除外。

区别在于，这里的先行调解，是在人民法院已经受理案件，开庭审理前要求的调解，是庭前（开庭前）调解，而不是诉前（起诉前）调解。

或者我们应该思考的是，对于英、美、德、日这些成熟法治国家而言，为何立法反而倡导、鼓励甚至强制当事人选择调解解决纠纷，而不是将诉讼摆在前头呢？从一开始，并不是这样的，立法“强制调解”的国家，也是被司法实践所逼出来的或者说是现实教育下的理性、明智选择。纵观这些国家的司法发展史，均经过“诉讼爆炸”或“诉讼洪峰”的社会发展阶段，“洪峰”之意，就是上游的水在同一时间来得太多了，超出河床的饱和负载，最终的结果是溢出河道，洪水泛滥造成损害。或许有人会问，法院的受案数超过司法的负荷，至多就是诉讼拖延，能有多大的事？持有这种观点的人，显然低估了当前社会系统的复杂性，如同城市公共交通，目前中国许多城市已然沦为“堵城”，如果有人告诉你，一些大城市，每年因交通堵塞所造成的财富损失，远远超过所有自然灾害给城市造成的损失，你会不会意外？100 辆车堵在路上，直接损失是时间、汽油和发动机空转的空气污染，但间接损失呢？负效应涟漪性传导所造成的系统“熵”增呢？许多损失，未必是经济统计学所能计算的。

纠纷发生，迟迟不能解决，不通则痛，纠纷就是社会运行的堵滞点，快速疏通与长期堵滞，成本是巨大的。

法律人有句名言“正义应当实现，哪怕天崩地裂”，这句话听起来是那么慷慨激昂，但被现实磨砺久了，你就会发现，何为“正义”，每个人都有自己对“正义”的定义，但回归到一个正常的社会，许多冲突根本与“正义”无关，只与利益有关，所谓纠纷，也只是利益分配、调整、权利实现而已，如是观，“正义”只是说辞，只是面子，利益才是冲突的里子，既如此，何不让纠纷快速解决，合理解决？纠纷解决时，应考虑成本，考虑整个社会系统的有序运行。把这点琢磨明白了，西方的“接近正义的运动”，第三次浪潮中，已经不将法院作为纠纷解决的唯一路径，调解等诉讼替代的解纷模式兴起，拯救正处于“在诉讼洪峰中勉为其难、苦苦支撑的司法机构”。

当然，上有政策，下有对策。有人说，如果一方当事人根本不想调解，但法律规定未经调解，不得起诉，也容易啊，调解时拒绝出席，对另一方提出的纠纷方案一概拒绝，拿到调解组织出具的调解终结书，不就可以到法院立案了吗？

确实可以这样做，但立法者早已考虑到这种可能，“强制调解制度”并不是强制当事人通过调解解决纠纷，在这个制度中，调解程序只是个筛子，如同过滤器，对可以调解的案件促成调解，让纠纷快速化解，当事人摆脱冲突，让司法资源更集约于疑难复杂案件的审理。

如若一些当事人比较“轴”，明明可以调解的纠纷，就不肯调解，一定要进入诉讼，那么，法律怎么办？

制度的设计不外乎人性。在这个问题上，诉讼费杠杆就发挥作用了。

比如，你在英国和别人发生了纠纷，双方进入调解，这时，对方提出“OK，我确实有过错，愿意赔偿你的损失，我同意赔偿你2000英镑，如果你同意，我可以在调解协议签署后马上付款”，但你拒绝了，你认为应该赔3000英镑，于是调解失败，你提起诉讼，请求法庭判决。法官审理后，认为2200英镑是个适合的赔偿数额，于是判决被告应当支付原告2200英镑。

从表面上看，原告似乎通过诉讼获得比调解协议多200英镑的赔偿款。但算法不是这样的，在诉讼过程中，法官会询问双方是否有过调解，调解为何失败，然后，法官在判决书中裁定你负担本案的诉讼费用500英镑，而在中国法庭，诉讼费一般由败诉方负担，英国法官的裁判逻辑是这样的，本纠纷本可以通过调解协商解决，被告方亦表现出对纠纷解决的诚意，并提出一个合适的赔偿数额，原告方拒绝接受，并坚持起诉权的行使，既如此，从公平的角度而言，诉讼的进行和司法资源的占用，源于原告的执着而不是被告的过错，故裁定由原告负担本案诉讼费用，是合理的，也是衡平的。有些法官还会裁定应由原告负担被告的律师费用，因为他们认为，原告坚持通过诉讼解决纠纷的选择，不仅不当占用了公共司法资源，也迫使他方当事人不得不出庭应诉，并负担原本可以节约的律师费，因此，原告应对此付费。

在这些国家，法院案件受理费及律师费都是昂贵的，保险公司长期有一种险种卖得挺火，那就是诉讼费保险，被他人起诉，诉讼费开支就足以让你破产或发生财务危机，买保险，就是万一你被他人起诉，保险公司可以出险付费。

不得不选择调解，因为立法规定某类案件“强制调解制度”，未经调解，法院不受理起诉，这是通过制度规制行为；当事人不敢轻易拒绝调解，万一在后续诉讼中，裁判的结果证明当事人行使诉权的随意、执意，则可能被裁定承担诉讼费用，所得不足偿失，这是博弈决策导向。

不得不调解，不敢不调解之后，就是让当事人乐于选择调解。

调解对当事人有什么好处？快捷、便利、低成本、结果可控、风险可控、有利于当事人间关系修复，诸多种种，不再赘述。域外，为鼓励当事人乐于选择，司法政策的制定者也是“法律不外乎人情”，首先是诉讼费用的减免，即使在法院受理案件后，当事人选择通过和解或调解解决纠纷的，无论是撤诉还是请求法院出具调解书，案件受理费都大幅度减收，目前我国法院诉讼费用缴纳办法所规定的减半收取的优惠，显然是不够的。

有人指出中国法院的诉讼费用缴纳标准，除案件类型、案由、适用程序外，主要以争讼标的额为计算基数，忽视法律关系的复杂性及诉讼周期，与纠纷解决实际占用的司法资源无关，制度设计使得诉讼费用的缴纳与负担，失却了其引导当事人选择非诉讼解决纠纷的杠杆功能。

简言之，如果诉讼费太过便宜，为什么要选择调解？如果败诉了只要负担极少的案件受理费，为何不将诉讼进行到底？在这种场景下，诉讼变成了惩罚对方的一种游戏，即以很低的成本，以合法的方式，将你所憎恨或不喜欢的人传唤（通过法院传票）到法庭，进行法庭游戏。正如劳动争议案件，2006 年国务院修订《诉讼费用交纳办法》规定“劳动争议案件每件交纳 10 元”，适用简易程序的，还可减半交纳，即 5 元，用句话说就是都不够卷宗的纸张费。制度的本意是保护劳动者，让劳动者打得起官司，实际结果呢？法官普遍反映劳动争议案件的调解率大幅下降，用人单位一般拒绝调解，因为诉讼成本低，即使完全预判到败诉的结果，也要将诉讼进行到底，因为哪怕诉讼拖延半年十个月，也不用支付迟延履行违约金，让劳动者苦苦等待看得见却拿不到的钱，在某些用人单位的负责人看来，“也是对一些不长眼的人的教训”，制度设计者的本意是保护劳动者，结果却是坑苦了劳动者，浪费了宝贵的司法资源，节约了违法者的违法成本，正气不张，社会负能量增加。劳动争议不合理的诉讼费缴纳制度，被多方诟病，其实解决的方案也很简单，就是规定“劳动争议案件，劳动者一方作为原告起诉时，不用预缴诉讼费用，由败诉方或责任方负担”，问题即解，但“恶法亦法”，你明知不合理，制度出台后，废止或修订却并不那么容易。

第二节 国外如何推动调解

调解竟然能成为一项赚钱的工作？答案是当然。

长期以来，一提到加强调解工作，感觉好像就是政府要加大在这方面的人力物力投入。实际上，调解不仅仅是一种公共法律服务产品，也可以是一种由市场化供给的公共法律服务产品。2009 年，笔者随同最高人民法院赴欧盟司法考察团到英国考察调解，我们惊讶地发现，英国调解服务的供给市场，样类和品种相当丰富。

从调解员的构成看，与我国不同的是，英国的调解员更注重专业性，而不是公益性，所以，英国并不发动社区的大妈大婶参与调解，因为在非常注重个人隐私的国度，纠纷当事人并不习惯也并不乐意让生活在同一社区中的街坊邻居参与到自己的纠纷解决中，当然，这并不代表纠纷当事人拒绝由居住在同一社区的调解员来主持纠纷解决，前提是，这些调解员必须经过专业训练，获得相关的资质，在某类纠纷的调停及促进纠纷解决方面，有良好的记录或声誉。

一般的英国调解员或在纠纷所涉领域有着丰富的从业经验，或有过专业的法律训练，或二者兼具。调解员拥有纠纷所涉领域的专业知识，甚至是这方面的行家里手，因为纠纷解决，许多时候，重点并不在于纠纷解决所依据的法律，而是对引发纠纷的事实认定，比如，澳大利亚的羊毛交易协会所设立的调解中心，许多调解员都是羊毛行业的高手，手一摸就知道羊毛的品级、等级，如果一单羊毛交易合同在履行时，对所交付的羊毛是否符合合同约定的质量标准发生纠纷，进入诉讼，对于质量问题，法庭亦无能为力，只能依程序委托有资质的鉴定机构鉴定，成本高、周期长，而主持调解的调解员许多都是羊毛贸易行业的行家，手一摸，通过触感就可以基本判断羊毛的质量，所做出的判断和评估，当事人一般能欣然接受，且熟悉羊毛贸易行业的行规、贸易术语、交易习惯，对纠纷的解决很有帮助。

据英国司法部的官员介绍，英国在大力推动调解工作后，依法成立的调解机构有200多家，其中160多家是商业性的，40多家是公益的，商业性的调解组织由市场定价，行业自律，依法纳税，不仅解决了许多社会纠纷，还创造了许多就业机会。政府采用公共产品采购调解服务的方式，与40多家调解机构订立合同，为当事人提供免费的调解产品。采购是公开的，以确保政府能够以最少的钱买到最好的产品。也许你会质疑“便宜没好货”，一种制度被设计出来以防止这种现象的发生，那就是“第三方中立评估制度”，在合同期将届满时，一些中立调查机构将会受聘对这些中标机构的服务质量进行评估，他们将用随机抽查的方式对调解案件的当事人进行回访，听取他们的意见或抱怨。①

在中国，许多律师并不喜欢或并不向当事人优先推荐调解，因为与诉讼相比，调解意味着不上法庭就能解决纠纷，这同时也意味着律师收入的减少。在英国考察时，司法部官员告诉我们，在推动 ADR 的改革之初，英国律师对调解也是持怀疑和排斥态度的。但是律师们很快发现担当调解员的收入并不比代理诉讼的收入少，当事人对服务的结果也更满意。于是，有些律师事务所开始考虑转型，以提供调解服务为自己的主打产品，不再代理诉讼。这说明，律师也可以成为 ADR 运动的推动者，主要在于如何在制度设计中满足他们的利益需求。

名词：申诉专员（ombuds man）制度

申诉专员制度是在欧洲许多国家通过立法确立的一项制度，有些类似行业调解组织。

比如我们到访的房屋申诉专员服务处，该机构是依照专门的法律成立的，每个房屋出租的房东在向政府缴交房屋出租税的同时，也必须缴交一笔纠纷解决费，这笔费用的数额非常小，计算方式参考出租房面积及合同期限。由于出租房的数量巨大，这笔钱的总数每年约为 400 万英镑。这笔费用主要用于房屋申诉专员服务处的运行。这个机构并不是政府部门，也不是非政府组织，而是介于政府和社会团体之间的具有混合色彩的机构。这个机构的组织、运行、监督全部由法律作出明确规定，一个由政府派出官员、房东代表、租户代表、独立代表组成的董事局监督机构的

① 摘自《英伦观法——黄鸣鹤欧盟司法考察笔记》。

运行，其工作人员主要由具有法律专业或行业从业经验的人组成，租户与房东就租约发生纠纷，都可以到这个机构解决，申诉专员可以就纠纷的具体细节进行调查，主持调解或作出裁决，当事人对裁决不服的，可以到法庭起诉。事实证明，90%的纠纷都得到了调解，97.7%的当事人认为调解帮助他们快速地解决了纠纷并且是免费的，他们感到满意或非常满意。

在英国，申诉专员制度涉及各行各业。申诉专员除受理申诉、调解纠纷外，还定期发表行业评估报告，对于行业的自律，有一定的影响力。

在美国，仲裁与调解法律服务正成为一个产业。美国司法仲裁调解服务有限公司（JAMS）是一家私营企业，1979年由退休法官沃伦设立，目前也是世界上最大的私人性质的诉讼外替代性纠纷解决机构，JAMS拥有一支由退休法官和律师组成的调解员队伍，为纠纷解决提供付费服务。

应该说明的是，JAMS的调解员并不便宜，资深的调解员小时付费可以达到1500美元，但JAMS机构的迅速发展说明需求端的旺盛和对服务的认可，2011年，JAMS机构在全美国24个主要城市设立分支机构，在英国伦敦设立全球业务总部，近几年，JAMS机构关注到中国商事调解市场的迅速发展，正积极与上海的一家商事调解机构寻求合作，拓展中国市场。

作为一家法律服务公司，JAMS机构所提供的服务包括调解、仲裁（当事人在请求机构主持纠纷解决时，通过文件签署，接受调解员在调解不能成功时的仲裁裁决）、小型审判、简易陪审团、中立专家事实调查、调查证据裁判、中立第三方评估等，所受理的案件涉及民商事纠纷的各方面，平均每年受理的案件数量约为11000宗，多为疑难复杂案件。

日本的民事调解官制度也称为非专职裁判官（法官）制度，该制度从2004年1月1日开始实施，是日本在21世纪司法改革的成果之一。

民事调解官制度即接受委任的调解官在民事调解案件及家庭调解案件中，以非专职法官的方式，从与专职裁判官同等的立场来主持调解程序。

民事调解官由最高裁判所从拥有5年以上业务经验的律师当中遴选任命，是任期两年的非常任职务，可以领取适当的报酬，但不属于公务员编制。

民事调解委员一般由非律师担任，从社会经验丰富的人中选任，医师、大学教授、企业管理人员、行政官员、有过法官书记官任职经历、会计师、税理师（办理税务的专业人员）、司法书士（办理法定登记事务的专业人员）、不动产鉴定师、建筑师，这些人员由于在其所从事的行业有较丰富的职场经验，且有较强的表达能力、亲和力和协调能力，经过调解员培训课程后，他们在主持调解从事相关领域的纠纷时，比起专业法官更有专业优势。2007年的统计数字表明日本全国约有14000多名民事调解委员。

民事调解官和民事调解委员一般年龄在40岁到70岁之间，公众形象及道德口碑较好，有着丰富的社会阅历和专业知识。民事调解官虽然是兼职的，不适用公务员法，但有一定的执业规范和职业操守，比如不得利用民事调解官的身份从事政治选举运动，接受任命的仍然可以从事原来的职业，但必须确保每周至少工作一天，其余时间可以从事原先的工作，但必须保证不会与民事调解官职业发生利益冲突，利用职务谋取个人利益也被认为是渎职行为。

域外调解保密的制度设计。在英国考察时，商事法庭的法官告诉我们，许多时候，他会建议当事人通过和解或调解解决纠纷，当我们问及当事人为何会接受调解时，他说，选择所考虑到的因素是多方面的，有一个因素很重要，那就是，判决是公开的，即使庭审不公开，判决结果及裁判文书也是要公开的，公开的目的是从制度上保障公众对司法的知情权和监督权，保证司法公正和透明度，但对于当事人而言，这未必是他们所喜欢的，许多商业主体或个人，不太愿意他们与他人的纠纷及纠纷处理的结果被公布于众，这时候，我会建议他们通过调解解决纠纷。

这又涉及一个问题，诉讼是两造当事人的法庭对抗，许多诉讼，胜负取决于当事人双方的诉讼能力、所掌握的证据和诉讼策略，会不会有这样一种可能，即当事人假意调解，在调解的过程中获悉证据，以求在后续诉讼中占得先机。

这种可能是存在的。所以，如果不从制度上设置防范措施，则或调解被恶意利用，或当事人在调解过程中疑虑重重，心防层层，双方不能开诚布公，坦诚交流，无益于纠纷解决。域外多个国家，在立法中明确规定调解员作证义务的特别免除制度，调解过程中自认行为或为促成调解而表态愿意做出的让步，若调解不能成功，调解过程中的言辞或书证，不得作为后续仲裁或诉讼程序中的证据，当事人明确表示同意的除外。

《日本民事调解法》明确规定了调解委员的保密义务，第37条规定："调解委员无正当理由泄露评议的过程或其他调解委员的意见的，处三十万日元的罚金"；第38条规定："调解委员无正当理由，泄露基于职务履行而知悉的当事人秘密的，处一年以下的拘役或五十万元以下的罚金"。足见日本法律将调解的保密原则及调解员的保密义务视为调解制度的基石，为保证当事人对调解制度有足够的信任，不惜以追究刑事责任来确保调解员对调解的过程及所获悉的当事人秘密守口如瓶，让当事人在调解过程中放心地表述、充分地交流、敞开心扉地谈判，尽可能促进纠纷的解决。

在美国，调解员职业道德准则明确规定，调解员不得泄露当事人隐私或商业秘密，不得利用调解过程中所获悉的商业秘密牟利，违背者将面临被从调解员名册中除名的处罚。有过此类有悖职业伦理并受处罚的失信记录，则意味着行为人在美国境内再也无法从事任何与法律服务相关的职业，等同于被从根本上砸了饭碗，所以从业人员对于执业规范中的禁区，不敢轻易以身犯戒，因为犯错的成本实在太高。也正是这种行业的高度自律，确保了调解从业人员的高素质与行为自律，从根本上树立了公众对调解的信心与信赖。

域外调解员培训。高素质的调解员是调解制度的基础保障，好的调解员不是天生的，调解员自身素质、对调解行业的好奇与热爱、良好的岗前资格训练、实战中的自我总结与提升、职业伦理框架下行为的自我约束、定期的在职培训等，都是一名优秀调解员炼成的淬火过程。除制度规范、政策引导、市场培育、行业自律外，域外调解制度在实践中比较成功的国家或地区，加强对调解员的职业培训也是成功的要件之一。

在法国，获得“家事调解员”资格，至少需要完成500小时的培训课程，除法律外，培训内容还包括社会学、伦理学、心理学等相关学科的知识。培训机构认为，家事纠纷解决是一门复合性学科，调解员不仅需要主持双方沟通，还应擅长在调解中发现纠纷源起，为当事人间关系的改善提供帮助。培训的内容包括如何与儿童接触沟通，评估其与父母的关系，确认由谁担任儿童的监护人最有利于孩子身心成长，性格测试及婚姻关系评估等。从课程的设计上，简直要求调解员成为一名集法学、社会学、心理学各种实用知识于一身的“武林高手”。在国外，大量优秀人才投身调解行业，不仅在于职业薪酬不错，职业荣誉感高，也在于担任调解员是项具有挑战性的工作，值得勇敢者攀登。

在英国和美国，调解员培训成为一门学科，许多大学的法学院设立谈判或调解的专门课程，颇受学生欢迎。在德国柏林地方法院，德国法官告诉我们，法官也可以担任调解员，但不是所有的法官均有资格主持调解，只有通过调解员课程培训获得调解员从业资格的法官，方能主持调解。培训的内容包括如何主持商谈、倾听艺术、复述能力和通过公平谈判寻求解决方案的能力等。一位经过调解培训的德国法官告诉我们，培训帮助他从另一视角审视纠纷解决，有一些很有趣的体验。当他是一名法官时，发现事实、明确责任、适用法律是惯性思维，调解员的工作方法却灵活多变，方式不拘，比起法官坐堂听讼，调解员更关心当事人的情感反应，更认真地倾听，更多地从当事人的利益角度而不是法律如何规定，来分析和推动问题解决。法官的职能是裁判，是作出判决，相比之下，在纠纷和当事人利益面前，法官和调解员的立场同样是中立的，在纠纷解决过程中，法官的角色定位更冷漠，制度要求法官和当事人保持一定的距离，不能随意交流，更不能在判决前透露对案件的看法，和一方当事人会谈，谈话内容若不以备忘录方式告知另一方当事人，则可能被怀疑立场有失公允。将举证责任给当事人，在法庭上冷眼旁观当事人的对抗交锋，通过法庭调查认定事实，适用法律，作出裁判。

调解员在纠纷解决中的立场也是中立的，但可以更主动地接近当事人，倾听抱怨，了解诉求，通过主动调查，发现事实的真相，即使无法被符合形式要件的证据所证实，也不影响调解员对事实所形成的内心确信；可以和一方当事人私下沟通，除经会谈方同意，单独会谈的内容，没有义务转告另一方；可以主动帮助当事人设计纠纷解决的方案，提供建议，如若法官这样做，可能受到投诉。

二者的差别在于，调解员是居中斡旋者，法官是居中裁判者，斡旋者可以积极促参，积极推动纠纷解决，裁判者则被动消极，职责在于作出判决，至于纠纷能否实际解决，隐藏在法律事实背后的客观真实到底为何，裁判是否能够真正终结争端，能否修复当事人间的关系，法庭并不关心。

第三节　一次美式调解培训的启示

在最高人民法院司改办工作的日子里，笔者是多元纠纷解决机制课题组的成员，按照课题组的安排，笔者参加了一次由美国培普丹大学法学院施特劳施争议解决研究所举办的“调解：促使争议解决的一门艺术”的培训。作为一名来自基层法院的法官和多元纠纷解决机制课题组成员，笔者了解了美国 ADR 制度的发展脉络，多年的工作经验也让笔者有许多机会主持和参与基层调解工作，曾经写过一些调解艺术方面的理论文章，但五天的课程给笔者带来的震撼和思考是多方面的。

美国的调解工作与中国有很深的渊源。1981 年，美国联邦最高法院首席大法官沃仑·波克先生访问中国时，亲自到上海旁听了当地一个调解人民委员会处理纠纷的过程，给他留下的印象十分深刻。回国以后，沃仑·波克大法官认为必须针对全美民事案件探索一种像中国调解委员会处理案件的方法。到 1988 年，美国国会批准在 10 个联邦地区法院进行强制仲裁项目的试验，在另外 4 个联邦地区法院进行自由仲裁项目的试点，此后，美国的替代性纠纷解决机制得到了长足的发展。但文化的差异，在调解培训上也可以略见一斑。

教学方式上的差异。与中国法学院填鸭式教育不同的是，西式的授课如同脱口秀表演，授课老师有两位来自美国，一位来自欧洲，虽然没有教授、博导之类的头衔，但从其授课内容上就可以判断出许多理论源于对丰富调解实践的总结提升。讲课的结构在重视条理的同时更侧重于经验讲解和案例模拟。三位讲师两位站在台上，一位坐在学生席中，台上一人讲，一人补充，有时朝学生席上的乔治发问："乔治，你们欧洲那边对这个问题是如何处理的？"

每个阶段都会有一场调解模拟，学员们分成几个小组，每个小组再确定原告、原告代理律师、被告、被告代理律师、调解员等角色，同一个案件，每个角色拿到不同的文件纸，有着建议性的调解底线或不为对手所知的砝码。另外，每个小组还设立观察员角色，观察员负责观察调解的整个过程但不介入实质性工作，其主要职责是在模拟结束后向课堂报告其观察到的结果及独立性评判。

一、以一个案例——"锁在门外"（The Lock Out）来说明

基本案情：

原告G是两个孩子的母亲，没有工作并完全依靠社会福利救济。

被告P是一个成功的律师，拥有并经营一幢六层公寓。

G租住了公寓的地下室并与P订立了租赁合同。在合同期内的第三个月，G没有按时缴纳租金，于是P在催告的同时告诉G要么5天内付房租要么搬出去。

最后期限过后G仍然没有付房租，于是P将公寓的门锁更换。被锁在门外的G和孩子们只好到一亲戚家借宿，10天后才

找到新的房子。

此时，P 同意 G 将房子中的东西搬走，打开门时才发现，因为锁门事件而造成的损失有：

（一）冰箱中价值 75 美元的食品因腐烂而无法使用；

（二）G 的汽车钥匙被锁在房中，10 天内无法使用汽车送孩子上学也无法开车找工作；

（三）在亲戚家借住期间，G 向亲戚支付了 100 美元；

（四）孩子们养的猫饿死在公寓中。

于是，G 向法院提起诉讼，要求 P 赔偿因锁门事件而造成的经济损失。法官助理建议纠纷当事人通过 ADR 程序解决纠纷。

笔者担任了第二小组的调解员角色，拿到了一份白色纸打印的调解员指导意见，上面写道："在你的国家中，房东因为房客拖延缴纳房租就将其锁在门外的行为是违法的，但现实中，狠心的房东经常这样干。"

另外，说明提供了一个可能促成调解的契机，那就是，G 最近正在申请以分期付款的方式购买一台电视机，如果 G 与 P 之间的纠纷不能得到解决，在 G 提出损害赔偿诉讼的同时，P 也可以提出起诉要求 G 支付房租并承担违约金，在 G 没有找到新的工作之前，很可能无力支付这笔钱，这将严重损害其银行信用记录，使其在分期付款或找工作时碰到一定的麻烦，因此 G 可能会更积极地追求以调解方式尽快解决纠纷。

G 手中有一份黄色的文件纸，而 P 手中是浅绿色的，观察员手中有一份深绿色的。除一致的基本事实外，笔者知道每一份文件纸中有一些笔者所不知道的信息，除非当事人肯告知，调解员不能主动去探寻这些信息。

在规定的时间内，笔者促使双方达成了纠纷解决的方案。最终解决方案是：

1. P 必须对自己锁门的粗鲁行为当面向 G 道歉，双方解除房屋租赁合同；

2. 双方都有损失且比较接近，P 同意放弃拖欠的房租，而 G 也放弃就锁门事件造成的损失索赔；

3. P 必须送 G 的孩子们一只他们喜欢的猫。

在小组汇总的阶段，有三个小组报告促成了调解协议，第四小组宣告调解失败。

在促成调解协议的小组中，第三小组的方案是在解除租赁合同的基础上，P 向 G 赔偿 200 美元；而笔者的同事向国慧法官所在的第一小组所促成的调解协议似乎更有创造性：

1. 双方继续延续租赁合同，并对过往的不愉快不予追究，互不赔偿；

2. P 在自己的律师事务所中为 G 提供一份打字员的工作，以让其有稳定的收入支付房租。

两位讲师在点评时发出惊叹，如同听到了一个美丽的东方传说，但他们很快承认这是个双赢的、增量的、和谐的和意想不到的结果。

在失败的第四小组中，G 向 P 提出了赔偿 1000 美元的赔偿方案，且毫不让步，调解员最后只能宣布放弃调解。

第三、第四小组与前两个小组的区别是：在调解过程中，G 对调解员提出的调解方案犹豫不决，于是以电话咨询了其叔叔的意见。在这个案件中，观察员有一个兼职的角色，那就是G的叔叔，其任务就是当G无法做出判断时，可以打电话向其咨询。

在点评中，调解在G打电话后变得困难起来的原因被揭：G的叔叔知道P即将被提名为司法服务局董事成员，在这关键的时候，社会形象对其而言相当重要，而采用锁门的方式将一个带有两个孩子的单亲母亲锁在门外并导致猫的死亡，如同黄世仁逼债的形象对P是极其不利的，也可能被竞争对手将事件妖魔化，因此建议G采取强硬的态度。G在返回谈判桌之后变得自信和强硬起来。

调解员虽然不知道发生了什么，但P从G的话中知道他的软肋已经暴露，与一个靠救济金生活的妇人的银行信用记录相比，P谋求董事的目标无疑有着更高的含金量和心理定价。于是在第三小组中，G提出了500美元的要价，谈判后以200美元成交；而第四小组中的G则漫天要价，提出1000美元的赔偿数额，且毫无让步的意思。

在失败原因分析上，就经济因素而言，1000美元对于P这位有钱佬（Deep-Pocket）来说，不是一个难以接受的数目，但在喉咙被扼的状态下谈判，这个要价无疑有着“趁火打劫”敲诈勒索的味道，这是P所无法容忍的，且G拖延支付租金是锁门事件的导火线，G违约在先却从不信用的行为中获益，无论是从道德层面、法律的要义还是谈判策略上，这种行为都是不应当被鼓励的，也无法确保G在尝到甜头后不会得寸进尺，这也是P宁愿冒着社会形象受损也不肯让步的原因。

二、当事人谈判动机及内心顾虑分析

在这个案件中，双方的动机都是混合的、复杂的，但稍加分析，即有明显的脉络可循。

就G而言，核心动机是通过起诉获得尽可能多的经济赔偿，非物质动机是通过起诉告诫P的违法行为，使其明白通过锁门的粗暴方式来解决与租户间的租金纠纷（特别是对于弱势群体因财务困难时的客观不能）在社会评价上是不道德的，在法律上是违法的，在理性上是不智的。

G的顾虑是，她的诉讼能力与P相较是不对称的，无工作、两个孩子和靠社会福利救济生活的财务状况决定了她不可能意气用事去打一次“斗气不求财”的高成本诉讼，再加上对银行信用调查的顾虑，在动机、目标和决策顾虑上，得到合理赔偿后双方调解结案对于G而言是最理想的期待结果。

对P而言，在启动诉讼方面，作为被告的角色是被动的，当然，他也可以通过反诉要求原告支付拖欠的租金及迟延履行违约金来反制G。作为律师和大宗地产的所有权人，在诉讼能力上P无疑拥有绝对的战略优势。争讼的标的是如此之小以致在P的取舍评价中不能称之为利益，也不是追求的主要目标，诉讼的动机是在解决与G之间的麻烦后，同时给未来其他可能存在拖欠租金的客户一个明确的警告。

其顾虑是，P即将被提名司法服务局董事成员的信息使得P不得不重新评估和制定纠纷解决策略。司法服务局董事成员意味着更高的社会地位和影响力，在得到提名和参议院通过表决之前，社会形象是一个很重要的影响因素，与新的目标相比，与G的诉讼拖延将可能成为一个危险的变量，影响新目标的实现。

从纠纷解决策略上，对P而言，拖延无疑是最好的策略，最好拒不调解让案件进入诉讼，G将因为无法支付诉讼所需的案件受理费及律师费而自动撤诉或接受屈辱的调解方案。因此，在G尚未觉察和掌握信息之前体面且低成本地解决纠纷，成为P的首选价值。

从调解员的角度，这起纠纷中，双方均有促成调解结案的积极因素（双方均想从纠纷所引发的麻烦中走出来），也有消极因素（双方所掌握资源的悬殊），即P过于强势。当然，P也有其软肋，即谋求司法服务局董事成员需要一个好的社会形象，而欺负一位拖欠房租的单亲母亲显然不利于这一目标。在G向其叔叔打电话咨询之前并没有掌握这个情报，只有P心知肚明。

笔者和向国慧提出的解决方案对于P而言，双方都保留了各自的尊严，笔者要求P送给G孩子一只猫的行为也是一个和解的信号。而向法官的提议能为P所接受，并不是P乐善好施，也不是G的工作能力符合P的要求。P的如意算盘是：在纠纷解决后，如果有人以“锁在门外”事件作为把柄发动名誉攻击的话，那么，在P手下工作的当事人G无疑是最有力的辩护人。至于提名成功后，是否应将G继续留下，那是以后的问题了。向法官并不可能了解P的真正想法，但其看似富有人情味的解决方案迅速为正处于不同困局中的纠纷双方所愉快接受。

第三和第四小组在调解过程中碰到了障碍，是因为G的叔叔所提供的信息制造了新的不均衡，使得G的心理预期迅速提升，调解障碍增大。

在这个案件中，对于G在打电话之后的变化，调解员虽然不知道具体的原因，但完全可以从当事人的情绪变化中感受到。在这个时候，调解员不应该急于促成调解，而可以采用“背对背”的方式与G交谈，从中了解导致G态度变化的原因。也有可能在与P的私下交谈中得到这个信息，但必须强调的是，调解员在与当事人一方私下交谈时，其所得到的信息，在未得到交谈者允许前，是不能向另一方当事人透露的，连委婉暗示都不允许。

即使G开出1000美元的高价，调解仍然是可能促成的。因为P的顾虑在于G可能贪得无厌，得到好处后仍然没完没了，或者将对P的纠纷解决当成一次“弱者的胜利”而到处炫耀，也同样会损害P的社会形象。

事实上，这个问题也很容易解决，调解员可以建议双方在调解协议中设置保密条款，即P在支付1000美元的赔偿款之后，G负有保密义务，若有违反，G将支付超过所得的赔偿金。P虽然有花钱买平安之嫌，但无疑也是解决纠纷的好办法。

三、国外调解教学模式的启发

在经历这次美式调解培训之前，笔者也参加过一些中式的调解课程或听取调解能手的经验报告，但都是属于“满堂灌”的填鸭模式，虽然有些在后半部分也会有提问互动环节，但很难如美式调解培训一样最大限度地调动学员的参与性，让学员在情景模拟中激发出创造的活力。

案例教学法的优点不仅在于生动活泼，且许多法理蕴含其中，答案并不是一成不变的，学员们可以自由创设。在之后的案例模拟中，讲师提供了许多有趣的案件，让学员扮演不同的角色，笔者分别担任过当事人、谈判律师和独立观察员的角色，惊讶地发现，即使是在同一个案件中，不同角色的观察角度、心态和谈判技巧都是不同的，个中差异，只有身临其境才能体味。

调解为什么会成功？在总结中，我们发现，第一、第二小组的调解之所以能迅速成功，除了对当事人动机的判断和 G 对银行信用等级的顾虑及 P 对公众形象的顾虑外，调解员所提出的富有建设性和人情味的调解方案（送猫和提供工作）兼顾了双方的面子和经济利益，在妥协中创造新的价值，是重要原因。

不仅是东方价值观中隐藏着对诉讼的排斥与嫌恶，古罗马著名的法学家西塞罗宣称："对法律的无知而不是有知导致了诉讼。"20 世纪中叶美国批判主义法学运动则认为：诉讼不是一种权利主张，也不是一种美德，而是人类为维系社会基本运行秩序而必须忍受的一种必要的恶。

如果将诉讼比作利益冲突当事人之间的一场博弈性对抗，那么，调解则更像是一场谈判，而且不受次数限制，只要双方愿意。就我们模拟的案例而言，调解中每一场谈判都是混合动机的交易，纠纷源于冲突和竞争，而调解终结于合作。在调解过程中，当事人双方在调解员的引领下，通过分配性谈判厘清争议的焦点，确定索赔价值。

当然，这一切价值通过诉讼也能完成，但有一部分内容是司法判决无法实现的，那就是通过综合性谈判创造价值（比如向法官所提议的双方搁置争议，P 向 G 提供一份工作以保证她能够支付房租），而法官所能做的，只能是判决解除房屋租赁合同，G向P支付拖欠的房租及迟延履行违约金，而P应就锁门的不当行为所造成G的损失承担赔偿责任，除此以外并不能增加或附设义务。

在锁门事件中，如果双方无法达成调解协议，纠纷只能进入诉讼。P有着诉讼资源上的优势（金钱、司法经验），而G一无所有，诉讼将导致G即将断炊的财务状况雪上加霜。

在裁判中，法官思维的重点在于判断事件过程中的各当事人行为的合法性，并在判决书中为当事人设定义务（如G支付拖欠房租、P赔偿G的相关损失），以修复受到破坏的民事法律关系等，表面上冲突双方的行为得到了法律评价并承担了责任。判决后，G可能会因为财务状况的持续恶化而不得不申请个人破产，除了银行信用外，还可能失去对两个孩子的监护权。而P从诉讼中得到的也是负收益，除“得到猫儿赔了牛”之外，他还将得到一个欺负弱者的恶棍形象。

讨论题

谈谈你对“诊所式教学模式”（案例教学模式、学员的积极参与和老师讲评相结合）的看法。

（学员自由发言）

第七章

DI QI ZHANG

个案分析：调解何以成功

第一节　“厦门博饼第一案”的调解思路解析

2012年，为促进全国法院调解工作的开展，最高人民法院举办了第一届全国法院优秀调解案例的评比工作，该活动历时近一年，从全国各级法院报送的1000多个调解案例中，经逐级推荐和严格审核，评选出“全国法院十大调解案例”，其中，厦门海沧区人民法院报送的“厦门博饼第一案”入选。作为该案的合议庭组成人员，笔者参与了案件审理及调解的全过程，在这一章节中，笔者将对该案进行全方位的解析，以诠释调解的理论是如何运用到司法实践中的。

一、案情回放

闽南地区的中秋赏月博饼习俗，据考证起源于明朝名将郑成功为收复台湾围攻红毛城时，由于缺乏攻城的重武器，只能采用长期围困的策略，双方比耐力。时值中秋佳节，郑军士兵思念家乡，于是，部将郑旭发明了“博饼”游戏，由参加者围成一席依次向圆碗内投掷6个骰子，视其出现的结果根据游戏规则获取奖品。

奖品设置的规则与古代科举制度等级相仿，即共有6个等级，63个奖项，设有状元1名，榜眼（对堂）2名，探花（三红）4名，进士8名，举人16名和秀才32名。经过多年发展和历史沉淀，中秋博饼成为闽南地区一种独特的地方风俗，成为当地的一项非物质文化遗产和文化名片。

博饼习俗既承载了中秋合家团圆的美好愿望，也是一种颇有趣味的家庭小游戏，有着对来年好运气的期盼。早期家庭聚会一般采用会饼做彩头（奖品），由状元或长辈主持分饼仪式，或约定由状元做来年聚会的召集人，单位博饼一般以毛巾、洗涤品之类的日常生活用品作彩头，其乐融融，惠而不费。

后来，博饼民俗也逐渐为商家所借用作为促销的手段。再加上电视直播的功能，奖品不断升级，最著名的厦门“王中王”博饼赛（即层层PK，得状元者方能进入下一轮）于中秋当夜在著名的鼓浪屿日光岩寺“天风海涛、鹭江第一”的摩崖石刻下进行，电视现场直播。发生纠纷的2009年中秋博饼大赛是第五届，状元“王中王”的奖品是一辆价值20多万元的别克轿车。

被告江某是公司的员工，2009年，江某所在的公司因向博饼会组委会提供海选场地，获得10个复赛参加名额，公司决定将参赛名额当奖品对在公司所属商场消费的顾客进行抽奖，但由于部分获奖顾客无法通知，为了避免参赛资格作废，公司让江某等公司员工持券参加博饼，几位员工首博即遭淘汰，刚到公司工作仅一个月的江某却过关斩将，在半决赛中获一辆价值9万多元的东方风神汽车，同时在决赛中获别克轿车，争议发生。

江某所在的公司与江某就奖品的归属发生争议，公司认为入场券属公司所有，江某只是受公司委托代出场博饼，而江某认为入场券价值仅100多元，其能获得轿车，纯属个人运气，轿车应归其所有。矛盾愈演愈烈，公司向法院申请对讼争轿车采取保全措施，并起诉要求确权。

二、本案在审判过程中面临的困境

（一）本案的社会影响力：案件发生背后的民俗因素

本案在纠纷发生的初始阶段，就因为其隐藏着多项关键词而聚焦了公众目光，成为当地的公共事件，成为市民们茶余饭后的谈资、网络议题和媒体的炒作话题，进而后面的起诉与案件审理，都有大批媒体跟进，对于双方博弈的结果如何，市民也极为关注。

（二）民俗与制定法间的冲突

本案单纯从法律角度来看，合议庭较倾向于属职务行为的结论，从而得出奖品归原告所有的结果。但是，在司法实务论坛中，民俗专家指出，在博饼风俗中，“代博”是指被邀请的客人没有到场，由在场人“代博”，“代博”的奖品归没有到场的客人所有，但是一般是自然人帮助自然人“代博”，很少有自然人帮助单位“代博”的行为。

另外，在博饼文化中，大部分博饼活动的奖项设置并不会太大，更多的是“小赌怡情”，参与博饼的人更多的是图个来年的喜气和好彩头，奖品的得失反而在其次。也正因如此，在日常生活中约定俗成的习惯是，如果单位有博饼的机会，一般会把机会分配给员工，让其参与，所得奖品归员工所有，很少要求归公。正如原告在法庭上回答“为什么不追索其他员工博饼所得奖品时”，回答是“那些奖品太小，我们不想追索”一样，说明在潜意识中，原告方也认同“公司将机会让给员工”，所得奖品归员工所有，形同中秋福利的社会习惯性做法。在这一点上，民俗与法律规定存在一定的冲突。

（三）法理与情理的冲突

虽然存在民俗与法律间的冲突，但此案的核心法律关系还是比较清晰的。被告在博得第一辆车后与公司签订“委托书”，同意将博饼所得奖品及鼓浪屿“王中王”博饼机会交给公司处理，虽然在庭审中被告提出该“委托书”是在酒后被原告连哄带骗的状态下签订的，但并无法举证证明签订时违反其真实意志。但是，如果判决确认两部轿车均归原告所有，未考虑到博饼活动中被告连得状元的运气及其对原告的贡献，情理上于被告显失公平。

（四）社会舆论导向的问题

此案从纠纷发生起到法院调解结束，一直被媒体聚焦和市民热议。被告虽然是个人，但由于其从事企划工作，在舆论操控和话题制作方面，是一位经验老到的操盘手。在诉讼的整体过程中，被告一直试图抢占道德制高点，向媒体和公众勾勒出原告会放下架子与员工争利的原因仅仅是“奖品是两部轿车”，而在诉讼中后期，两位律师以“公益诉讼”与“义务代理”两大招牌入局，其中一位律师是“厦门小鱼网”管理员的身份，使得这场舆论口水战更加白热化。

在纠纷的第一阶段，原告管理层尚未对奖品的归属及奖励方式达成最后意见，被告即向媒体爆料“博饼状元赢得了两部轿车却丢了工作”，由于博饼活动在厦门的高参与度及“赢得两部轿车”与“丢了工作”的冰火两重天，马上使得这一话题成为网络上的“热门话题”，社会舆论一边倒且形成“哄客效应”，对被告所在的公司形成巨大的压力。但同时公司也对被告炒作的行为产生巨大的厌恶感，这种厌恶感及人品怀疑一直持续在纠纷解决和诉讼的整个阶段，也是阻碍调解的巨大障碍。在法院审理阶段，双方的舆论战更加激烈，也由于“转型期社会各种要素彼此复杂地关联”及“网络虚拟世界仇官仇富心态的蔓延”，使得双方的讼争被赋予更多的内容和关键词。被告律师将这场诉讼包装成公益诉讼，双方均宣称“奖品的归属并不是最重要的，就是要讨个说法”。双方在情绪上的对抗增加了调解的难度系数。

三、本案如何促成调解

我们对双方争议的焦点进行分析后，认为调解的空间还是很大的。在讼争轿车的分割上，双方应该可以达成一致。关键是原告要求被告公开赔礼道歉一节。原告认为在纠纷发生后，公司并未以任何方式开除或辞退被告，而被告却向媒体宣称其丢了工作，造成公司形象受损；被告则辩称在纠纷发生后，曾几次向公司要求协商解决，却无人搭理，也不分配他工作，加上其本人在公司正处于试用期，双方未正式签订劳动合同，故误以为被公司辞退，向媒体表述时确有不准确之处，后以讹传讹，确非自己所能控制，如果能有什么补救的方法，个人愿意在不损害个人自尊及社会形象的前提下配合公司进行媒体说明。

对于道歉一节，合议庭法官设计出一个创设性的增量调解方案。增量调解方案，指的是围绕双方纠纷的焦点，将零和的调解方案（一方受益一方即受损，总量为零）变化为增量方案（即跳出原解决方案的思维定式寻找可增加的变量）。

合议庭提出的第一项建议性方案是：在双方调解协议签订后，由法院主持召开一个媒体说明会。在向社会告知纠纷已得到协商解决的同时，双方共同发表一个公开的“谅解备忘书”，对“辞退一事”予以澄清：“由于双方在纠纷发生后未及时沟通，以至于被告方单方误解为被公司辞退，从而引起一些不必要的误会，使公司形象受到不应有的损害，本人对此深感不安和歉意。”这种中性及委婉的表述方式在修复公司社会形象的同时也不至于让被告太难以接受。

第二项建议性方案是：在纠纷解决后，被告回原告公司继续上班，待舆论冷却后再决定双方是否签订劳动合同。

原告既然表示“获奖机会来自消费者，所得奖品也应该回馈消费者”，应该择时间（比如元旦）重新举行博饼比赛，将归属公司的别克轿车以博饼的方式回馈给消费者，主要是部分市民仍可能存在“奖励应该归属于弃权的消费者，双方调解只是分赃”的观点，通过博饼将奖品返还消费者的方式有利于消除这种观点，修复公司形象。

第三项建议性方案是：几年来，中秋博饼成为商家的促销手段，每逢博饼时，商人和权贵都如赶场般参加博饼，原本作为一种中秋思乡、家人团聚、其乐融融的博饼活动被混入了功利的动机，许多平凡而诚实劳动的人反而被忽视。如果公司再次举行博饼活动，除消费者代表外，可考虑邀请劳动模范、荣誉军人、残障人士、十佳外来务工青年等参与活动，让这些为厦门城市的美丽作出贡献的人有机会赢得轿车。

第三项方案具有“反弹琵琶”的聚焦效应，在为公司正名的同时也对近年来博饼文化中的一些不谐之音提出反思，公司也有了捍卫民俗文化的较高站位。

四、调解过程中对新闻舆论的引导

被告律师在接受媒体采访时公开宣称这是一起为维护消费者利益而进行的公益性诉讼，同时，网络特别是“厦门小鱼网”出现大量的主题帖子，舆论口水战再次被点燃。

这时候，双方举证期限已经届满，准备排期开庭。合议庭讨论后认为，此案仍然有调解的可能，庭审的进行，有助于查明事实，分清是非，同时也有助于媒体从法庭交锋中充分了解双方的证据和观点，以正视听。于是，我们决定将庭前证据交换和庭审的过程向媒体全面公开，并由负责宣传工作的同志与媒体进行沟通，委婉但坚决地批评部分媒体记者炒作该案的不当行为，与媒体取得了共识：媒体记者在本案的报道过程中，主动在发稿前将稿件交由法院把关，法官以建议及商榷的语气提醒记者及时修订一些表述不准确或可能激化矛盾的词语。

由于被告对媒体频频发言以及社会舆论的一边倒，造成原告的敌意，在他们的理解中，被告利用媒体对原告及司法机关施压客观上增加了案件调解的难度。对于这一点，合议庭在调解过程中明确表示：试图以媒体形成舆论压力以影响法院审判结果的想法是不妥当的，也无法达到目的。法院会依法办案，决不会因汹汹民意而作出迎合的判决。

通过采取上述措施，在一定程度上化解了当事人打舆论战补己方之不足的策略，法院把握了舆论引导的主动权，媒体在中后期的新闻报道中趋向客观和理性。

五、专家论证会的功能

为了这个案件的解决，海沧法院牵头组织召开了题为“风俗习惯的法律适用及其规制”的司法实务圆桌论坛。论坛邀请了厦门地方民俗专家、市政协委员、厦门大学法学院教授和学生、新闻媒体记者及厦门市中级人民法院研究室法官。各方专家会聚一堂，共同对本案所引发的传统文化习俗与法律实务问题展开热烈研讨。海沧法院院长等领导亲自参加了论坛，并与各方人士进行了深入的交流与探讨。经过交流分析，专家、学者及法官们达成了如下共识：

1. 全力保护厦门这一独特的博饼民俗文化，不要因该案使博饼这一“非物质文化遗产”被抹黑；

2. 在正确适用法律的前提下，充分尊重传统民俗习惯，尽力促成双方和解。

专家论证会的召开，为调解提供了学理性指导意见，同时，专家论证会的内容通过媒体向社会公开，也有助于当事人重新评估民意，调整过高的心理预期。

六、本案的亮点与示范性意义

最高人民法院优秀调解案例评审小组在评析这一调解案例时指出，这个案例的成功之处在于：

一是妥善处理了新类型案件法律适用与民俗习惯的关系，既依法保护了当事人权利，也充分尊重了“博饼”民俗文化，充分证明了“调解是高质量审判”；

二是创新地采用增量调解方法，跳出解决当事人诉求之争的思维定式，为当事人达成调解协议提出三个递进式解决方案，最终实现了双方当事人利益平衡与保护；

三是公开审判营造有利于调解结案的氛围，针对案件引发社会广泛议论和媒体高度关注的特殊情况，法院没有固守调解的保密性原则，而是通过公开庭前证据交换和庭审过程、加强与媒体协调沟通、公开司法论坛共识等措施，及时准确地公布案件事实真相，澄清了不实报道，积极引导舆论，促使双方当事人理性对待诉讼，最终握手言和。

第二节　道路交通事故纠纷一站式解决平台的设计

从到法院提起诉讼，到一审判决的作出，当事人至少要跑几趟法院？一天，笔者与一位民一庭的法官在聊天中掰着指头算起来：递交起诉状及证据材料—法院通知其拿立案通知书—到指定银行缴费[①]—将银行缴费回执送到法院开取案件受理费预收发票—案件被分发到庭室—书记员要求其取合议庭成员告知书、

① 按规定，基层法院立案庭的诉讼服务中心一般只收取少于200元的现金，超过此数当事人必须持法院开出的案件受理费缴纳通知书到指定的开户行缴纳，一些法院曾经考虑过通过POS机刷卡的方式方便当事人缴费，但银行手续费由谁承担却成为这一便民措施实现的障碍，但也有一些法院立案庭实现了刷卡缴费。

限期举证通知书—提交证据—开庭审理—定期宣判或领取判决书—退诉讼费。也就是说，以最简易的流程、最顺畅的作业，在一审诉讼中，当事人或其委托代理人至少要跑法院七次。

而下列事项可能在诉讼过程中增加当事人或其委托代理人跑法院的次数：申请财产保全（增加三次）、刊登公告（增加两次）、申请鉴定（增加两次）。变更、增加诉讼请求、法官主持调解、提交上诉状等都意味着当事人要跑法院至少一趟。

一、四起诉讼与七份判决：一起交通事故纠纷的背后

在海沧法院任审判监督庭庭长期间，案件评查是笔者的工作职能之一，金昌这一普通的当事人名字之所以引起笔者的注意，是因为他是多起二审发改案件（改判与发回重审）的当事人。通过审判信息管理系统，笔者检索到在 2006 年至 2009 年期间，海沧法院共有 9 个当事人一方为金昌的案件。笔者从档案室调到了全部卷宗，通过阅读，笔者将事件的过程简述如下：

当事人情况：金昌①，1977 年出生，户籍安徽农村，在厦门务工人员，职业司机，受雇于某集装箱运输公司。

意外事件：2005 年 8 月 2 日下午，金昌受公司委派开车送货到泉州，在永春县地界与他车发生撞击（对方负事故全部责任），身上多处骨折，住院治疗 51 天，后伤残程度评定为九级。

在住院期间，共花费医疗费 31741 元，加害方公司仅代垫

① 考虑到当事人隐私权，故隐去当事人的真实名字，使用化名，但其余所有涉及案件的数据及日期则完全真实。

1.5 万元，并声称必须等候赔偿数额确定或保险理赔到位后方能支付其他赔偿款项，故金的家属只好到处借钱，包括分 7 笔向其工作单位借款 27979 元。

1. 金昌的第一次诉讼。2006 年 8 月 10 日，在伤残程度评定后，金昌以加害人公司为被告向海沧法院提起了人身损害赔偿诉讼，诉讼请求医疗费等 10 项共计 159317 元，外加 5 万元的精神损害赔偿；一审法院判决（审理期间 89 天）支持其中 9 项共计 128131 元，另支持精神损害赔偿 1 万元，驳回其他诉讼请求；被告不服上诉，二审判决维持一审判决（审理期间 66 天）。

但在案件生效后，被告并没有自动履行义务。2007 年 3 月 19 日，金昌向法院申请强制执行标的 12.3131 万元（判决确定的 138131.47 元扣除在治疗期间所支付的 1.5 万元）；预交执行费 607 元。

在执行期间，当事人双方表示愿意自行协商，于是法院裁定终结执行；但实际情况是，义务人只支付了大部分赔偿款项，余 1 万元未支付（拖至 2007 年 6 月 28 日才支付）。

2. 金昌的第二次诉讼。在第一起诉讼的强制执行期间，发生了一件事，由于金昌已经无法继续从事司机职业，按劳动法规定，其与公司解除劳动合同后，可以获得停薪留职期间的工资及一次性工伤医疗补助金。但在项目及数额计算上，双方发生冲突，关系恶化，公司在拒绝补偿的同时要求其归还其医疗期间从公司预借的款项，并到法院申请诉前保全，冻结了部分到账执行款，并提起借款纠纷诉讼（在诉讼中，金昌提出管辖区异议，后案件被移送到湖里区法院审理，判决金昌应还款）。

3. 金昌的第三次诉讼，是金昌与原所在公司的劳动争议纠纷。经历劳动仲裁（24 天）、一审（89 天）、二审（77 天）作出终审判决，支持一次性工伤医疗补助金和伤残就业补助金 57483 元，驳回其他诉讼请求。

但判决生效后，义务人一直未履行义务。

2008 年 4 月 21 日，金昌就（2008）厦民终字第 282 号判决书的内容向法院申请强制执行。2008 年 6 月 24 日，义务人在扣除金昌所欠公司款项后支付余额。

4. 金昌的第四次诉讼。但事情还未完全结束，在金昌与原务工单位的劳动争议中，对于 10272 元一次性伤残补助金法院判决之所以未予支持，是因为该款应向厦门市工伤保险基金申请而不是由单位支付，单位只有协助出证明义务。

但在判决后，金昌从工友口中知道单位已经申领到了这笔补偿款，却未支付给自己，在与单位交涉未果后，金昌只能再通过诉讼解决，由于这也属于劳动争议的一种，所以从程序上仍然是劳动仲裁、一审判决、二审维持（时间跨度从 2008 年 10 月至 2009 年 7 月，历时 9 个月）。

即使在终审判决作出后，单位仍拒绝履行生效法律文书确定的义务。2009 年 8 月 10 日，金昌向法院申请强制执行，在执行过程中达成和解，分两次支付，2009 年 9 月 30 日支付 2272 元；12 月 20 日前支付 8000 元。实际履行。

至此，金昌艰难漫长的诉讼之旅终于宣告结束。从交通事故发生到最后一笔补偿款到位，共花费时间 4 年 4 个月又 18 天（共计 1601 天）。

在这4年多时间中，金昌拖着残病之躯，奔波在交警大队、劳动局、法院之间，寻求自己的权利救济。

金昌通过诉讼所获取的补偿有：

第一次诉讼，人身损害赔偿128131元外加1万元精神损害抚慰金，但是，其中的大部分在治疗期间已实际花费（医疗费、护理费、交通费、住院伙食补贴），或者费用正在发生（营养费、残疾辅助器械），补偿性款项为残疾赔偿金、精神损害抚慰金；

第三次诉讼，实际获得一次性工伤医疗补助金和伤残就业补助金57483元；

第四次诉讼，实际获得一次性伤残补助金10272元。

而金昌在诉讼过程中除时间成本外，主要经济成本有：在第一次诉讼与第三次诉讼中，一审、二审均委托了律师（按当地律师的收费行情，每起案件律师费不少于1万元）。也就是说，扣除在治疗阶段的实际支出，金昌通过诉讼所获得的经济补偿并不多，而这部分补偿，也有相当比例作为诉讼成本消耗在他的诉讼之旅中。

二、讼累所造成的二次伤害

西方法谚有云，迟到的正义不是正义。

从上面的数据我们可以看到，为自己的合法权利争取司法保护的过程，正义的面目十分清楚，却姗姗来迟。在交通事故中，金昌是痛苦的受害者，而在寻找公权力救济的过程中，金昌又感受到了另外一种痛苦，甚至可以说是一种“二次伤害”。

问题到底出在哪里?

是司法不公?答案是否定的。对于人身损害赔偿，在同一司法区内，标准是相对统一的，可以计算出来。对于几份判决，金昌均未提出上诉。

是司法拖延?也明显不成立，所有的诉讼均在2—3个月的期限内审结，审理周期大大少于西方法官所需要的时间，而且有必要指出，这种审判是在当前中国法院普遍办案压力较大的情况下做出的。在厦门，基层法院的一线法官一般年均结案数在210件以上，其概念就是平均每个工作日必须审结一起案件。

是诉讼程序的设置不合理?也不是。诉讼制度的设计原本就要求周密、均衡、配套、呼应。在一些关键的流程上，也设计了一些预防性控件（如回避制度），保障了当事人诉讼权利的充分行使，所以，再简洁的诉讼程序运行起来，也必须占用一定的时间与空间，这是诉讼的程序属性所决定的。也就是说，无论是处理与事故责任方的人身损害赔偿之诉，还是与原所在单位的劳动争议纠纷之诉，金昌既然选择诉讼作为纠纷解决模式，就必须忍受诉讼过程所带来的痛苦——讼累。

在金昌的诉讼之旅中，虽然事实清楚、责任明确，但义务的承担者却拒绝主动承担赔偿责任，即使在诉讼程序被启动后，义务方也是持一种将诉讼进行到底的态度，穷尽法律程序，即使在判决生效后，非经法院强制执行，也不履行义务。正是金昌的对方当事人选择的诉讼策略增加了金昌权利实现的成本，增加了诉讼痛苦。

三、纠纷解决的集约化：一站式纠纷调处平台的设计

2004 年，《中华人民共和国道路交通安全法》（以下简称《道路交通安全法》）生效实施，交警调解前置的制度被取消，这也意味着，大量的交通事故纠纷直接涌入法院。

在一段时间内，法官们发现在审理交通事故案件中普遍存在着送达难、开庭难、执行难的问题。其原因之一是机动车辆流动在全国的道路交通网上，一辆河北的车辆可能在福建撞到一个山东人。按照侵权诉讼可由侵权行为地法院受理的地域管辖原则，道路交通事故人身损害赔偿一般由事故发生地法院受理。

在 2004 年《道路交通安全法》实施之前，有调解前置的程序，交警在事故责任调查与认定的过程中会召集当事人对赔偿问题进行调解，① 相当部分的纠纷也在这一阶段解决。而《道路交通安全法》则规定对于交通事故损害赔偿的争议，当事人可以请求交警调解，也可以向人民法院直接起诉。大部分的当事人选择了直接起诉。②

《道路交通安全法》实施之后，对于交通事故人身损害赔偿纠纷的审理，普遍反映存在“送达难、开庭难、执行难”的现

① 当然，这种调解模式也受到了一些非议，主要是调解中立性的问题，虽然主持调解的交警与事故处理的交警在人员上可以分开，但当事人可能因为对处理结果的担心而违心接受对自己不利的调解方案。也正是这种质疑的声音，导致《道路交通安全法》在制定时对“调解前置”制度的废除。

② 当事人选择直接起诉的原因是多方面的，一是调解成为一种可选项而不是必选项后，交警调解的积极性有所下降；二是当时没有司法确认制度，调解所达成的协议，如果当事人不自动履行的话，只能到法院起诉，当事人在权衡之下当然选择直接起诉。

象，对于外地车辆，交警只能在事故调查期间扣留事故车辆，事故责任认定后就必须放行，而当事人到法院起诉必须在交通事故责任认定书已经作出或伤残等级评定后才能进行，在时间上有一定的滞后性。由于缺乏制约手段，许多肇事司机在诉讼中采用逃避的方式，拒绝签收法律文书，使得诉讼程序进行得十分艰难：公告送达使得审理期限被拉长；被告拒不到庭使得事实难以查清；异地执行使得强制执行手段成本攀升。在缺乏征信体制的情况下，义务人的“不合作”行为很难受到法律的惩戒，也不用承担道德的风险。

2009 年至 2011 年，厦门的六个基层法院陆续构建了“道路交通事故纠纷一站式解决平台”。这种平台的模式是：

（1）诉讼与调解的对接。在这个平台中，有人民调解、行政调解、特邀调解（由法院聘请的驻站调解员调解），当事人在交通事故发生后，由处理事故的交警将其导引至该平台进行调解。调解成功的，引导其申请司法确认，赋予调解协议强制执行力，调解不成功的，进入诉讼模式。

（2）保全措施的及时采取。在一站式平台中，对于一些不能及时解决的纠纷，工作人员会提醒受害人及时申请诉前保全措施，填堵了交警扣留与法院诉讼保全间原本存在的空窗期。

（3）一些配套机构的入驻为当事人提供了便利。每一起交通事故的发生，不仅意味着人身、财产的损害，也意味着多种法律关系的启动。法律援助机构进驻可以给当事人提供帮助，而保险公司直接加入到调解中，保险理赔员直接入驻中心，提供理赔咨询、进行理赔核算，以计算的数额作为双方调解的基础。

从交通事故纠纷调处平台的运行看，有以下几个方面的优势：

（1）厦门市各区交通事故纠纷调处中心平台均由各区交警大队提供办公场所，这意味着纠纷处理的大部分环节可以在平台上集约解决。

（2）纠纷解决的成本低廉。诉前调解不收费，司法确认也不收费，纠纷解决成本近乎零。由于交通事故人身损害赔偿计算标准的公式化，调解过程中当事人可以亲为，节约了律师成本，而在同类案件的诉讼中，委托律师的比例要高得多。

（3）公共资源的节约。纠纷解决平台的运行虽然需要一定的经费投入，但等量的纠纷进入诉讼，所需损耗的资源要远大于此。

四、如果金昌再次来过

我们可以假设一下，金昌的纠纷若移到今日，会发生怎样的情形？首先，交警大队在作出事故责任认定之后，会建议纠纷双方当事人到交通事故调处中心解决纠纷。当时，金昌还在医院治疗中，金昌的妻子翠花到了调处中心。虽然金昌的妻子只有小学二年级文化，对纠纷的解决一无所知，只是听老乡说打官司很麻烦，到律师事务所咨询，律师建议通过诉讼解决纠纷，问了几家律师事务所，最低的收费都要两万元。想起丈夫住院的医疗费还多是借来的，翠花决定接受交警的建议，到交通事故调处中心试试看。

调处中心的特邀调解员老洪是位退休法官，有着丰富的调解经验，被调处中心聘请为特邀调解员。了解情况后，他认为金昌符合法律援助的条件，于是让她到中心的法律援助站填写了一张表格，援助站指派了一位法援律师，帮助她写各种书状并帮助计算人身损害赔偿的各项数额。

在法援律师的建议下，金昌申请对肇事车辆进行诉讼保全。由于事故责任调查的需要，这辆车当时被扣押在交警大队的停车场，按规定，事故责任认定作出后，交警必须得解除扣押。根据李警官的经验，这辆外地车一旦放行，受害人索赔可能较难实现，但法律规定如此，他也只能照办。这时，法院的诉讼保全裁定来了，李警官签收了保全裁定，车继续被扣押在停车场。

对此，准备前来取车的肇事车辆公司经理刘二感觉有些绝望，被扣的是辆货车，停工一天就意味着上千元收入的减少，再加上车辆营运的各种税费和停车费，每一天的流逝，都是经济上的损失，他发现自己有必要快速解决与金昌间的纠纷。

刘二到医院看了金昌，说了几句宽慰话。金昌住院后，他是第二次到医院看望，第一次是送金昌进医院抢救的时候，他代缴了1万元的住院押金，一是出于对受害人的内疚之情，二是担心金昌如果救治不及时而死亡，自己会构成刑法上的交通肇事罪。到后来，刘二一直躲着金昌的家人，也不支付医疗费，因为别人告诉他这种钱能拖则拖。虽然刘二感觉良心上有些过不去，但他还是告诉金昌的妻子："这件事，我已经委托律师代理，干脆等伤残鉴定出来好了，你们到法院起诉公司，法院判决该赔多少我就赔多少，绝不赖账。"

刘二内心真正的想法是："现在公司流动资金这么紧，拖延就是省钱，先把车从交警那边弄回来，投入营运，还能挣一些钱。"

可这回车被法院给扣了。刘二想，金昌家是不是在法院里有人，查封车的速度这么快？后来，一了解，金昌是个外省农民工，在法院根本没亲戚或熟人，而是听说法院在交警大队中设立了一个道路交通事故纠纷调处中心，在保全上采用“无缝对接”的方式。刘二想把车先弄出来，根本没机会。

李警官建议刘二找调处中心的调解员老洪，想办法把纠纷解决，这样车也能尽早放出来。

一见到老洪，刘二就有一种说不出的信任感。或许是老洪那一头白发，就如老中医一样稳重；或许是言谈举止中，老洪为别人设身处地地思考让刘二有亲近感。

老洪告诉刘二，调解对双方都有好处。金昌的治疗已经告一段落，现在已经遵医嘱回家静养，伤残等级鉴定也已经出来了。这时候，是达成赔偿纠纷解决的好时机。一则金昌在治疗期间向公司借了一些钱，二则后续治疗也需要钱。对于刘二而言，车辆被长期查封，也是一笔不小的损失。纠纷尽早解决，对双方都有好处。

刘二向老洪说出了自己的顾虑：“这车是有保险的，除了交强险外，还特意保了一份商业险。但是，同行们说，许多项目保险公司赔或不赔，如何赔，保险公司只认法院判决书，而调解书是不认的。”

老洪说：“不打紧，根据几家的协议，保险公司派人进驻了调处中心参与到调解中来。根据与保险行业协会的约定，进驻人员可以承担定损员或公估员的角色，帮你算出账，什么能赔什么不能赔，一目了然，在这基础上作调解，你就不怕之后拿不到保险理赔款了。”

刘二有些不信，说："保险公司果真认账？"

老洪说："没问题，这是几家联合会议定下的，保监局出面做的协调，公估员是由保险公司或保险行业协会派的，再者，他们做出理赔估算之后，也会传真给保险公司的定损员再复核一遍，大家都认账的。"

刘二说："这样我就放心了。行，你给定个时间，我一定参加调解会。"

刘二走后几分钟，老洪接到一个电话，是金昌所在公司法务吴江打来的，他说，虽然公司并不是纠纷案的当事人，但金昌在事故发生后，公司借出了一笔钱垫付医疗费，公司经理担心金昌是外地人，拿了补偿款后就不辞而别，希望能参加调解；同时，事故发生时，金昌所驾驶的车辆受撞击，部分货物从车上坠落受损，造成一些损失，这部分损失保险公司是不赔的，希望能一并解决。

老洪想了想，说："金昌现在已经是残疾人，无法再从事驾驶员职业，你们公司有什么想法?"

吴江说："我们公司是民营企业，无法养闲人，但我们会依照劳动法的规定，该给的补助金我们会给，但必须扣除公司垫付的医疗费。"

老洪说："我会向当事人知会一声。我个人认为，如果纠纷能一揽子得到解决，也是挺好的。"

翌日，双方约定在调处中心调解，金昌坐着轮椅也来了，他还是放心不下。

经过一个多小时的调解，纠纷得到了一揽子解决。金昌得到人身损害赔偿项目下的赔偿金额，刘二打了一个电话，一位伙计十分钟后就将现金送到了。刘二说，“钱早就备下了，就等调解协议签字，看着老兄因为我的错成为残疾人，心里老过意不去。我公司名下还有一个停车场，如果老金不嫌弃的话，就到我那停车场里当个管理员，工作强度不大，我保证，只要我刘二有饭吃，就有你老金一家人的饭吃”。

赔偿款到位了。在笔录中，刘二提出解除车辆保全的申请，金昌表示同意。老洪将申请转给了法官工作室，驻庭法官根据申请，从电脑中调出文书模板，填写上当事人信息之后自动生成了解封裁定，并由远程电子签章系统用了法院院印，送达给协助扣押单位，刘二当天就取回了车辆。

公司法务吴江也到场了，传达了公司希望和金昌解除劳动合同的意愿，金昌虽然感觉公司有些不近人情，但一想，自己已然不能再从事驾驶职业，留在运输公司已经没有意义，能够得些补偿金离职也好，同意另外找一个时间回公司办理相关事宜。这时，法援律师提示金昌还可以向厦门市工伤保险基金申领一次性伤残补助金，但这个补助金的发放，必须由其所在的公司协助出证明，所以在双方达成协议时，应将公司的协助义务写进去。

吴江也带来了公司货物受损清单，刘二看了一下，觉得与自己估计的差不多，同意就此数额接受调解，但同时也表示自己今天主要是来处理与金昌的人身损害赔偿纠纷的，对于货物损失没有准备，只能先签调解协议，回头让公司财务打款。

吴江有些犹豫，他担心刘二事后反悔，因为他知道，调解协议是没有强制执行力的。

老洪看出了吴江的担心，就说，没事，达成调解协议后，你们可以申请司法确认，按《人民调解法》[①] 的规定，法院司法确认后，一方不自动履行义务的，另一方可申请法院强制执行。

双方同意了。

在一个平台，涉及多个法律关系、多主体当事人的多起纠纷得到了一揽子解决，且当事人心甘情愿、心平气和地自动履行义务，不仅减少了当事人的讼累，节约了国家司法资源，也使得社会关系更加和谐、受损者得到及时救济，这是调解的魅力所在。

第三节　一起医患纠纷的成功调解

医患纠纷一向被视为调解难度系数大的纠纷，难度之一在于对于失败的治疗结果甚至患者死亡的无言悲剧，患者家属已经承受太多的苦难，情绪容易激动；难度之二在于在医患纠纷中，双方缺乏必要的基础信任，而相互信任是调解的基础。

医患纠纷不能及时解决，很容易成为群体性事件或恶性刑事案件的源头，成为社会之殇。因此，纠纷能够解决，且能够以纠纷各方较满意的方式解决，是人民群众幸福生活的有机组成部分。

厦门市医患纠纷调解委员会是厦门市法律援助中心下设的公

---

① 修订后的《民事诉讼法》在第15章“特别程序”之第6节“确认调解协议案件”中规定了调解协议申请司法确认的程序，但民事诉讼法修订案生效的时间为2013年1月1日，在此之前应适用《人民调解法》的相关规定。

益性调解组织，由厦门市政府出资采购服务。调解采用的是“1 + 3 模式”，即由一名调解员、一名医学专家、一名法律专家、一名监督员组成调解小组，对纠纷进行联合调解。

纠纷发生后，当事人[1]可以从调解员名册、医学专家名册、法律专家名册、监督员名册中自主选择具体人员。笔者作为法官，被列入监督员名册，[2] 职责是确保调解过程的程序公正，也正是这种机会，使笔者多次全程深度参与医患纠纷的调解，对其中的问题，冷眼观之，静心思之。

［**案例** 7. 3. 1］ 患者白某，因患直肠癌住院手术，手术后左右引流管出现浑浊，在之后 10 多天中一直处于腹腔冲洗状态，半个月后，患者在大便时拉出一条肠状不明异物。由于担心患者腹腔感染，主治医师在征得患者家属同意后，为患者做了造瘘手术。

这起纠纷在提交厦门市医患纠纷调解委员会调解时，并未申请医疗事故鉴定或医疗过失责任鉴定。

调解的开始部分是对纠纷基本事实的查明。这一阶段是非常必要的，调解并不是简单的“和稀泥”，而是在查明事实、分清是非的基础上寻找纠纷解决的共识。在调解申请书的请求部分，患者提出包括医疗费、护理费、交通费、住宿费等在内共计人民

---

① 在实践中，主要由患者家属自主选择相关人员，医院方代表一般尊重家属的自由选择，因为在医院方代表看来，将选择权交给患者家属，有利于建立患者或其家属对调解组织的信任。

② 监督员名册有来自各行各业的十几位人员，笔者在一年中多次被患者家属选中，足见厦门地区的百姓对法官还是有着相当的信任度。按照规则，监督员在调解过程中处于相对消极状态，这反而让笔者有更多时间进行中立的观察和思考。

币77125元的赔偿请求，另要求3万元的精神损害抚慰金。主治医生尤某出席了调解会，在调查中，他认为自己完全依照医学规范对患者实施治疗，尽到谨慎义务，出现手术失败的结果，不是自己所能掌控的。

在调解过程中，坐在监督席上的笔者一言未发，却一直在思考一个问题，那就是：对于纠纷的解决，法官和调解员在视角、路径、方法上有何不同？

首先，这起纠纷如果进入法庭审理，法庭调查阶段首先必须查明的是患者与医院间曾建立医患关系的事实，医院在治疗过程中是否存在疏失，患者所承受的经济损失的数额等。

医疗过程中是否存在过错及其比例决定了医院的责任承担，所以在诉讼中往往是争议的焦点。其判断主要取决于司法鉴定意见书中的鉴定结论。在这起纠纷中，双方均未申请医疗事故技术鉴定或司法鉴定。也就是说，在诉讼中如果笔者是该案的主审法官，会中止对该案的审理，要求当事人双方申请医疗事故鉴定或司法鉴定。

切换到调解员的视角后，笔者很快发现患方未申请医疗事故鉴定或司法鉴定的原因。原因之一是医疗事故技术鉴定虽然成本较低，但鉴定时间长且鉴定专家主要从本地医学专家库中抽取①，"圈子中基本上都是熟人"，对认定构成医疗事故有较高的证据要求等问题。委托医疗技术司法鉴定则成本太高（当地行情

① 按照《医疗事故处理条例》第21条的规定，医疗事故技术鉴定采用的是属地管理原则和二级鉴定制度（特殊情形下的三级鉴定制度）。

每件案件鉴定收费通常在10000元以上）。这起纠纷患方虽然提出10余万元的索赔请求，但其所聘请的律师显然已经进行过成本核算，从而得出诉讼“耗时、费力、成本高且效果未必佳”的结论，并建议患者选择医患纠纷调解委员会主持调解。

笔者发现，在白姓患者的医患纠纷中，患者家属对于主治医师的评价还是相当高的，认为主治医师尤某无论在医德还是医技方面均无可指责，但令其纠结的是，在手术结束后患者病情恶化，最后只能进行造瘘手术①确保患者的排泄功能。那条拉出的肠状物到底是什么，面对患者家属的质疑，医生也无法明确回答。最后造成纠纷。

在这起纠纷中，尤医生坚持自己在治疗过程中没有任何疏失或过错，病人已经70多岁高龄，有糖尿病史，手术后容易出现并发症，病后出现腹腔感染，造瘘手术是唯一选择。至于患者家属所质疑的拉出的肠状异物，主治医生无法解释，声称，整段坏死肠子通过肛门拉出，是不符合医学常识的。

经医患双方同意，双方启封患者治疗病历资料②，了解治疗的过程。

---

① 在之后参与的医患纠纷调解中，笔者接收过两例造瘘手术病人。这种治疗方式对病人及其家属带来精神上的痛苦是不言而喻的，一位病人这样描述他的感受：“我天天在腰部揣个粪包，吃多少，拉多少，不要说家人，连自己都会嫌怨自己，恨不得死了解脱。”

② 厦门地区医院的习惯做法是，医患纠纷发生时，只要患者家属要求，医院管理人员会当着患者家属的面核对治疗记录，复印一份交患者家属，原件当着患者家属的面装入大信封封存，患方在封条上签名，由院方保管。以后每一次启封必须当双方面进行，使用后再次封存。这一做法渐成行业规范，一则有利于建立双方公平解决纠纷的信任基础，二则减少人民法院受理诉前证据保全的工作量。

在医患纠纷调解模式中，中立专家意见组由医学专家和法学专家组成。在调解前期争议事实的查明中，专家也可向争议双方发问，通过提问了解事情缘由，形成内心判断。

第三方中立评估对调解促成的重要性。医患纠纷一向被称为纠纷解决中的第一难，难在医患双方的对立性极强，且患方对医院缺乏必要的信任度，对医疗灾难性后果的解释往往被简单归结为责任推诿。这时候，中立的专家意见往往起到“定海神针”的作用。

在这起纠纷中，医学专家李某是厦门某著名医院退休医生。在公共会谈告一段落后，调解员让患方先行离席，与医院方进行了单独会谈。

患者高龄，且有糖尿病史，你们在治疗后的用药是否充分考虑到这点并采取了积极的预防措施？

医学专家提的问题让在公共会谈中信心满满、多次表示不害怕诉讼的尤医生额头生津。

最后，医学专家缓缓说出了自己的中立第三方评估：“如果我是医疗事故技术鉴定委员会专家的话，我不认为在该起手术中存在医疗事故。但作为一名经验丰富的医生，应当考虑到病人个体的差异，预先制定更完备的治疗方案，考虑多种不良因素发生的可能性。仅就手术后部分肠组织坏死这一客观事实，这是一次不成功的手术，如果委托司法鉴定的话，可能被判定与损害结果间有一定的关联度。综之，我建议医院方接受调解。”

专家毕竟是专家，拈花点穴，几句在外行人听来如同云山雾罩的话，却攻心入脑。主治医生低头与院方谈判代表谈了几句，谈判代表脸色凝重地点头。

院方谈判代表随即表示，医院同意接受调解，最多可以补偿[①]患方人民币 5 万元，希望调解员在此额度内尽力促成调解。

随后进行的是与患方的单独会谈，医院方回避。在这次会谈中，起决定性作用的是法律专家。此次被选中的法律专家是一名律师，执业多年且代理过多起医患纠纷诉讼。

法律专家以情景模拟的方式[②]向患者家属介绍该起纠纷进入诉讼后可能遭遇的风险。法律专家分析道：

“首先，你们必须申请委托司法鉴定，鉴定结果之一是医院方不存在过失，患者的损害结果与医院方的治疗行为间不存在因果关系。那么，法院会判决驳回你们的诉讼请求，判令你们负担案件受理费、鉴定费，你们的必要开支包括律师费。

“鉴定结果之二是医院方存在过错或疏失，且这种疏失与损害结果间存在因果关系。那么，法院会判令医院承担侵权损害赔偿责任。但赔偿范围被限定在诸如医疗费、护理费、交通费等项目上，法院会考虑医院过错对损害结果的参与度。这方面，你们可以征询医学专家的意见。”

法律专家认为诉讼是一种“耗时费力”的纠纷解决模式，

---

① 医院使用“补偿”而不是“赔偿”的概念，也有其计算，赔偿在法律上意味着“过错”的存在和“侵权责任”的成立，而补偿则可以理解为“人道主义关怀”“对不幸结果的安慰”等，大部分的患方关注的是赔偿的数额，而不计较使用何种词语。

② 法律专家的开场白是：“根据我多年办理人身损害赔偿案件的心得与经验，我提出若干意见，供你们作决定时参考。”

案件的审理周期一般不少于3个月，委托司法鉴定需要另加2—3个月时间；无论判决结果如何，医院方上诉率极高，因为医院是公营机构，如果不上诉的话似乎意味着承认存在侵权损害行为，而上诉则可以将诉讼成本摊入营运费用，所以，几乎所有医疗机构都会选择将诉讼进行到底。二审审理周期以3个月计算，整个诉讼时间超过1年，实践中还有从起诉到终审判决费时2—3年的情况。大部分案件在判决生效后需要申请法院强制执行。因此，法律专家建议当事人采取调解的方式解决纠纷。患者家属同意调解，调解进入赔偿数额确定的阶段。

多管闲事的监督员。从职能归属而言，监督员主要是监督调解程序的公正性，确保当事人特别是弱势当事人不被忽悠或在显失公平的状态下接受调解协议，属消极角色。但在双方当事人均不在场的时候，医学专家一句不经意的话却引起笔者的注意。

医学专家：患者家属在取得赔偿后，如果原主治医生不愿意为其继续治疗，恐怕患者在厦门地区的医院找不到其他医生愿意为其继续治疗。

笔者问及原因，医学专家回答：这是一次失败的手术，而且患者和医生间发生了纠纷，别的医生出于顾虑也不愿接手这起手术。

笔者：那怎么办？

医学专家：解铃还须系铃人，最好是由尤医生继续完成后续手术，尤医生对患者的情况熟悉，再加上曾经的失败，会更加审慎并制定周全的康复方案。但纠纷未得到解决之前，如同医生心头打一个结扎一根刺，心里有事，就会影响到医生手术时的状态。

心中一动，笔者决定稍微越过监督员消极无为的界限，积极协助调解员解决纠纷。

在第二次公共会谈中，笔者告诉患者家属：“我相信你们起诉医院，绝对不是为了金钱赔偿。后续治疗也很重要。你们考虑过这个问题没有？”

患者家属脸上浮现出一丝忧思，说是找过几家医院，但医生看完资料之后都婉言推辞了。

笔者把医学专家关于“解铃还须系铃人”的观点转告之，并建议妥善解决纠纷，将调解协议与后期治疗联系起来。患者家属把脸朝向尤医生，说：“我们一直很相信尤医生的医德和医术，出现这样的情况大家都不希望看到。我先生说了，他不能肚子边上揣一个粪包这样死去，希望尤医生能继续主刀后续治疗。”

屋里的人都看着尤医生。眼神中，期待、鼓励、祈求，传递的都是善良的正能量。尤医生也感觉到了这种信任的分量，缓缓却坚定地点了点头。

或许是受到这种情绪的感染，医院谈判代表表示，为了表示诚意，医院在白某的后续治疗中可以提供“绿色通道”①，这一诚意也被写入调解协议中。

一起棘手的医患纠纷解决了。

离席后，笔者陷入了深思，假定这起纠纷通过诉讼解决，将会是怎样的场景呢？

---

① 绿色通道是医院的一种特殊关照，即为某种重症病人、需关注病人提供的在挂号、取药等方面优先服务的措施。

首先，法官无法对医生的治疗是否存在过错，医疗过错与损害后果间的参与度作出评判，只能委托司法鉴定。司法鉴定的结果往往已经基本确定了赔偿的标准。因为在同一司法区域内，不同法院间对人身损害赔偿的计算标准相对稳定，法官自由裁量的余地不大。假定在这起医患纠纷中，司法鉴定意见书所作出的结论是医院方的医疗过错对患者的人身损害结果有30%的参与度，就本案而言，判决赔偿的数额应该少于5万元人民币。总体而言，调解无论是在维权成本①，还是维权结果②上，均优于诉讼。就公共资源③而言，更是一种节约。

在调解的后半部分，笔者从打酱油的监督员越位成为一位多管闲事的增量设计者，并无不妥。因为调解原本就是一种柔性的纠纷解决机制，虽然也有一定的参考性流程，但并没有如诉讼一样刚性的程序设计、严谨的职能定位。调解员角色比法官而言更自由、更有灵活度，可以进行增量设计，随心所欲而不逾矩不会

---

① 厦门市医患纠纷调解委员会是政府采购的法律援助产品，当事人申请调解是不收费的。调解协议申请法院司法确认，厦门司法区也是不收费的，故当事人基本上是零成本解决纠纷。

② 维权结果不仅表现在获得赔偿金额的计算上，正如法谚所言："迟到的正义不是正义""等到草儿青青，马儿早饿死"，大多数情况下，通过调解在30天内拿到5万元比通过两年漫长诉讼得到10万元，对受害者及其家属更能达到心灵慰藉的效果。

③ 医患纠纷调解作为政府采购的公共产品，也是一种公共资源的投入，一起成功的调解比起诉讼无疑更能节约司法资源。即使调解不成功，调解也为医患双方的沟通对话提供了一个平台，舒缓了双方的对立情绪，这也是一种社会和谐度的增量。

被视为犯规。[1] 但如果该案进入审理，一位长期从事审判的法官关注的是事实的查明、取证责任的分配、证明的标准、证据的采信、法律的适用，即使在庭审后主持双方调解，也很难关注到争议事实之外如后续治疗由谁主持的问题。

课堂练习题

1. （举手发言）你所在的地区是否设立医患纠纷第三方调解平台，你有没有这方面的体验，请与学员分享你的体验或经验。

2. （自由讨论）如何更好地发挥第三方中立评估机制对调解成功的促进作用？

---

① 与调解员相比，法官却受到更多的限制，其判决更拘谨。笔者曾经担任基层法院的审判监督庭庭长，职能之一就是评查二审发改案件，并确定是否存在瑕疵或错案。有一起案件中，当事人起诉要求营养费2000元，法官或许是基于同情，判项中确认营养费3000元，理所当然被认定为错案，理由很简单：法官不能超越原告的诉讼请求进行判决。调解协议却可以超越诉讼请求进行设计，只要当事人自愿且不违反法律强制性规定即可。

调解不仅仅是简单的和为贵

（修订版后记）

世间万事，皆有其因果，这不是宗教的宿命观，辩证唯物主义也讲究“事物之间的密切联系”“外因通过因内起作用”。

世间万物的因果，有其必然性，更有其偶然性，正如中国大陆第一部多元化纠纷解决机制的地方立法，何以落地厦门，其初始之因，在于1999年，厦门大学法学院的齐树洁教授，赴英国伦敦大学访学，他选定的访学内容，是英国正在进行的民事诉讼司法改革，这时，英国友人彭文浩先生建议他关注ADR（纠纷非诉讼解决）研究，也有反对的意见，认为ADR并不是纯粹的法学，甚至不是法律科学，而是一个混合或者说是混搭的集合物，混杂着社会学、心理学、谈判学的概念和方法论，而上述每一个学科均拒绝其“认祖归宗”，将其归入杂学之类。

在跨界融合并未形成概念并被普遍接受的彼时，学术讲求规范，讲究正统，血统不纯正者，易受歧视。但齐树洁老师敏锐地意识到，ADR对于中国司法、对于中国社会纠纷解决的意义，归国时，带回了域外的先进理念和海量的资料。

应该说，纠纷非诉讼解决，并不是洋物种，调解于中国人，属本土作物，西周时国家即设置“调人”官职，专司纠纷调和，历代乡土社会，基层吏员的职责之一，就是负责本乡本土的纠纷调解。

笔者在厦门大学法学院兼职硕士研究生导师，给学生们展示亭子的图片，告诉他们“这亭子名叫申明亭，是中国明代的乡土司法所和调解室”，明代的申明亭，除给行人遮风挡雨外，其实已经成为一个集公共议事、普法教育、纠纷调解等职能于一体的公共建筑，申明亭的调解员，依“本土”原则，主要从本地成长、在本地生活的乡贤、野老中产生，调解员不受公共财政供养，除可以从地方公仓、义仓领取少量的实物补贴外，更多的是精神鼓励，比如朝廷命官见面时，以礼相待，调解人虽无功名，亦可头戴方巾，故明朝，地方上的调解员有乡间的“方巾御史”之美誉；乡土社会纠纷，多以田粮、继承析产等家事、邻里纠纷为主，多为乡民间之琐事，县城里的衙门不爱管，也管不过来，故大量的民间纠纷，发生在熟人之间，中国传统的乡土社会，聚族而居，婚配半径也小，抬头不见低头见，打断胳膊连着筋，谁也不想“一讼十年仇”；民间解决的依据，除国家颁布施行的律令外，更多的是风俗、行业惯例、交易习惯和当地共同认知的价值、规范、行为方式。

古代孔子主张无讼，批判者有之，认为“无讼”只是儒家一种不切实际的社会理想，有人的地方即有利益，有利益即有冲突，有冲突即需要解决，随着社会经济的发展，城市化进程使得人类越来越“群居”，社会分工使得人与人之间的协同、协作成为必需，交易、交换、交流越来越频繁，无人能生活在“孤岛”中，而随着社会的多元化，法律关系主体的价值观的多元性、决策的自主性、行为的多样性、关系的复杂性，都随着社会分工与分化，呈几何式增长，越是精密、精细、精致的社会系统，辐射性越广、关联度越强、节点越多，纠纷发生的概率则越高，即使人类通过制度设计，进行了有效的风险防控，一座百万人口的城市，一年期间所发生的法律事件或需要法律予以评价的行为，相比于农耕时代，就其数量，或多于封建时代整个国家的一年。权利需求救济，而权利救济最有效的手段，就是请求司法作出判断，并以国家强制力保证生效判决的执行。如是说来，“无讼是求”根本是不切合社会发展实际的呓语，更是与现代法治的理念背道而驰。

笔者不这样认为。本书既是调解员培训的实用性教程，所有的章节，字里行间，均传导着一个理念，即“无讼”并不是人为阻却诉讼，或反对当事人通过诉讼实现权利救济。而是告诉当事人一个道理，纠纷解决的体系是全方位的，包括诉讼与非诉讼，与他人发生纠纷时，“告那家伙”未必是最优的纠纷解决策略，而应该根据纠纷的类型，综合考虑纠纷的源起、当事人的诉求、纠纷解决的成本与收益及社会关系修复各方面，选择最“妥实”的纠纷解决方式。从国家治理层面看，有效的公共治理应提供方式多元、功能互补、程序衔接的纠纷解决路径，尽可能引导当事人理性决策，选择高效、便捷、低成本、弱对抗性的诉讼外的纠纷解决方式，通过谈判有效沟通、通过协商寻求多方共赢，而不是“不蒸馒头争口气”，不计成本将诉讼进行到底。

在以往的认知中，认为“调解”就是婆婆妈妈，就是利益上的“和稀泥”，就是责任区分上的“各打五十大板”，甚至将调解技巧，认为是“摆平就是水平”。事实上，这是对调解工作性质认识的误区，或者说，正是这种误解的错误认知，影响了

“调解”作为一门学科的科学性。在推动多元化纠纷解决机制改革的工作中，笔者到过英国、德国实地考察，也和域外许多ADR研究者、实务工作者聊过，得出的结论是，调解应该是一门学科，而且应该是一门有机有效地融法学、社会学、心理学、商务谈判等学科及技巧于一体的学科，或者说，调解不仅是技术，调解也应制度化、标准化、程序化，同时保留着调解制度的“灵动”“便捷”，追求纠纷解决的实际目标，依法进行却不因循规则，在程序设计上，更多地让当事人参与纠纷解决，选择纠纷解决的方式，决策纠纷解决的方向，决定纠纷解决的结果。

在推动多元化纠纷解决机制改革的过程中，曾有人问过一个很中国化的问题：为何调解源于中国，中国有着“和为贵”的和合文化传统，为何曾经“东方经验”的人民调解制度，在中国社会快速发展的今日，其纠纷解决的王者地位，反而衰弱？“有纠纷找法院”成为标准化普法宣传，但现实中，司法功能的有限性，是否能真正满足人民群众对纠纷解决的需求？在讨论中，得出比较一致的答案是：是的，人民调解确实曾经成为基层纠纷解决的中国经验，但新时代中，人民调解制度若不能与时俱进，若不能科学化、学科化，若总停留在“婆婆妈妈”的层面，若总是将“说破嘴，跑断腿”作为调解成功的经验，则调解必定不能承担现代纠纷解决的主力军作用，换言之，战争的形态已经升级换代，作战的理念和武器仍停留在冷兵器时代，结果无非有二：一是被时代淘汰，被当事人放弃选用；二是朝天放铳，大声吆喝，假装一直在战斗。

那么，什么是新时代的枫桥经验？新时代的枫桥经验，其调整地域，已经从乡村拓展到城市，再到互联网虚拟空间；其调整的范围，从社会治安拓展到经济、政治、文化、社会、生态等领域；纠纷解决的主体，包括国家机关、社会团体、社会组织、人民群众；纠纷解决的路径，从人民调解到沟通、协商，到调解、行政裁决、仲裁，非诉在前，裁判在后。变得是技术，是方法；不变的是精神要核，关键词包括：党的领导、群众路线和人民利益。

那么，什么是新时代的调解？有个比喻讲得好，新时代的调解，不再是跑腿磨嘴，而是“让数据线上走，百姓少跑腿”，除非有需要，当事人及调解员从调解的开始到终结，不需要现实面对面亦可实现纠纷解决；纠纷各方可以通过在线纠纷解决平台提出调解申请，调解员可以在线与各方沟通，文件电子化，在线传送，交流在线进行，“面对面”“背对背”均可通过平台功能的设计成为现实；调解员不再是单打独斗，可以通过法律知识检索系统获取相关法律法规、系统自动推送最相类似的裁判案例，可以在线寻求法院、法官的专业指导，法律文书自动生成系统可以快速生成文书模板。

新时代的调解，当事人可能分散于不同城市，或不同国家大洲，却可利用同步在线或错时交流，消弭分歧，实现纠纷解决；专业的法律咨询可以使当事人明了应如何依法维权，中立第三方评估报告可以校正当事人对纠纷解决的预判，合理调整心理预期及诉求。在线司法确认可以让调解协议获得强制执行力，当事人省心，法院省事，社会省成本。

新时代的调解，首先需要变化的是理念，法院不再是纠纷解决的唯一路径，或言之不应是纠纷解决的第一选择，调解应该是第一选择，或许是比调解更先前的有效沟通、谈判与自行和解。当然，纠纷解决，法院仍是“定海神针”，法官们应将精力集中在疑难或有指标性意义案件的审理上，以对法律诚挚的理解和对人民群众高度的社会责任感，诠注法律，以判决确定规则，指引行为。中国的多元化纠纷解决机制，相比于域外的诉讼替代，在于中国的制度设计接地气，非常清楚诉讼不可能完全被替代，也不应该被替代。中国模式纠纷解决体系的建构，在于诉讼与非诉讼间的制度衔接、程序对接、功能互补。人民法院的司法功能不可替代，不仅在于纠纷解决，亦在于财产保全、证据保全、行为保全等诉讼措施对纠纷解决的功能，在于强制执行制度的威慑功能，在于诉讼法赋权法院对仲裁、调解的司法审查职能和纠偏救济功能，也在于人民法院、法庭、法官对调解的业务指导。在多元化纠纷解决体系的设计中，司法的功能可以是后盾，赋予调解协议以强制执行效力；是利剑，向程序不正当、内容不合法的调解说不；是度量衡，为纠纷解决提供参照标准。

2012 年，厦门中院被最高人民法院确定为“全国诉调对接试点法院”，试点验收后获得高分，加分项之一就是调解员培训，厦门中院在每年的法官培训计划中，雷打不动地安排至少一个班 50 名学员不少于三天的培训，法官自己编教材、编调解案例，让优秀的调解员走上讲台，分组讨论时让资深调解员介绍经验。厦门法院的诉调对接中心，俨然成为优秀调解员的养成中心，调解了大量的纠纷，也培育了大量的种子调解员，撒向各行各业、各领域，落地生根。《调解员培训简明教程》一书，正式出版前就是厦门中院的调解员培训教程，内容只有现在的四分之一，案例也不多，不断地丰富，不知不觉，已是第6版。

徒法无以自行，同理，没有好的调解员，再先进的治国理念，再精妙的顶层制度设计，都是摆设。调解这朵东方之花，要绽放在新时代，需要的是调解员的培育，不仅是一个、两个，而是要成批量产，经过岗前培训，调解员要对法律有敬畏，对调解有认同，守规矩、有担当、懂方法。

也唯有如此，调解这事，有戏，调解这行当，有前途，有意思。

笔者对调解制度之研究，继续努力中；调解教材之编写，不断修订中，如果需要有个明确的数字，希望能修订第10版，影响10万调解员。

图书在版编目（CIP）数据

调解员培训简明教程／黄鸣鹤著．—6版．—北京：中国法制出版社，2020.3

ISBN 978－7－5216－0900－4

Ⅰ．①调…　Ⅱ．①黄…　Ⅲ．①调解（诉讼法）－中国－教材　Ⅳ．①D925

中国版本图书馆CIP数据核字（2020）第030748号

责任编辑　韩璐玮（hanluwei666@163.com）　　封面设计　杨泽江

调解员培训简明教程（第6版）

TIAOJIEYUAN PEIXUN JIANMING JIAOCHENG（DI－LIU BAN）

著者/黄鸣鹤

经销/新华书店

印刷/三河市国英印务有限公司

开本/880毫米×1230毫米　32开　　印张/9.625　字数/162千

版次/2020年3月第6版　　2020年3月第1次印刷

中国法制出版社出版

书号 ISBN 978－7－5216－0900－4　　定价：39.00元

北京西单横二条2号

邮政编码 100031　　传真：010－66031119

网址：http：//www.zgfzs.com　　**编辑部电话：010－66070084**

市场营销部电话：010－66033393　　**邮购部电话：010－66033288**

（如有印装质量问题，请与本社印务部联系调换。电话：010－66032926）